U0904100

# 看穿人心术拿来就用

## 面白くてよくわかる!人間関係の心理学

[日]涩谷昌三◎著　刘隽玮◎译

凤凰出版传媒集团
江苏文艺出版社
JIANGSU LITERATURE AND ART
PUBLISHING HOUSE

**图书在版编目（CIP）数据**

看穿人心术，拿来就用 /（日）涩谷昌三著；刘隽玮译 .
—南京：江苏文艺出版社，2010.12
ISBN 978-7-5399-4156-1

I. ①看… Ⅱ . ①涩…②刘… Ⅲ . ①心理学 – 通俗读物 Ⅳ .B84–49
中国版本图书馆 CIP 数据核字 (2010) 第 236200 号

著作权合同登记号：图字 10–2010–507 号
上架建议：心理学 · 时尚读物



**"拿来就用" 轻悦读书系**
**看穿人心术，拿来就用**

著　　者：【日】涩谷昌三
译　　者：刘隽玮
责任编辑：刘　霁
特约编辑：李彩萍
装帧设计：张丽娜
出版发行：凤凰出版传媒集团
　　　　　江苏文艺出版社 http://www.jswenyi.com
集团网址：凤凰出版传媒网 http://www.ppm.cn
印刷：北京京都六环印刷厂
经销：新华书店
开本：880 × 1230 1/32
字数：100 千字
印张：6
版次：2011 年 1 月第 1 版
印次：2011 年 3 月第 2 次印刷
ISBN：978-7-5399-4156-1
定价：26.00 元
（江苏文艺版图书凡印刷、装订错误可随时向承印厂调换）

# 目录 CONTENTS

# CONTENTS

## 第四章 从说话习惯看相处之道

说话习惯中折射出性格本质，揭示与自私、
责任感欠缺、表现欲旺盛、不想长大等各类人的相处之道。



## 第五章 不同的借口展现出的性格

从不同借口剖析说话人的本意和性格。
以后用这些借口时就要谨慎了！

CONTENTS

# 前言

## 能否在不互相伤害的条件下相亲相爱呢

寒冬时节，身上长有锐利尖刺的豪猪会与自己的伴侣相互依偎取暖。但是，如果两者过于靠近，自己身上的刺就会刺伤对方。两者若是相距过远又会难以忍受严寒。就是这样只能不停重复靠近、分开、再靠近动作的豪猪，最终可以找到一个既不互相伤害又能相互取暖的绝妙距离。

对心理学有点了解的人都应该知道这个故事吧。这是德国的哲学家叔本华为了论证在人际关系中心理距离的重要性而举的一个例子。

不论是家长、孩子、朋友、还是恋人，都不能过分靠近。**保持一种不相互伤害还能相互温暖的距离是非常重要的。**

近些年来，许多案件相继发生：孩子杀害父母、祖父母，因为与恋人分手而发展成为跟踪狂以至于刺伤对方，因为工作上的矛盾而伤害上司……

每当我听到这样的事件，都会感到很可怕："人际关系为什么会恶化到这种程度，难道不能改善吗？"

当然，在他们行凶的背后可能有我们想象不到的某种理由。而且，他们可能本身就有某种反社会人格障碍。不过，就像前面所说的刺猬夫妇一样，如果找到了合适的距离，就不至于发生这样严重的事件了。

## 保持合适的心理距离

我觉得和过去相比，现代人之间的心理距离更加难以捉摸。

当然，人不像刺猬身上长有刺。但是，人的内心为了保护自己而充满了尖刺。如果受到外部的攻击或者感受到压力，那么这些刺就会发挥作用，以防内心受到伤害。具体来讲，就是防止伤及自尊心、丧失信心、被无力感支配等等。

然而，在复杂的社会中，来自外部的压力每年都在增加。因此，**每个人都磨尖了内心的尖刺以应对压力**。刺猬的刺很长、很尖，使人难以接近。与此相同，磨尖了的内心的刺会使两人之间的心理距离更加难以捉摸。事实上，即使事态没有发展到之前所说的犯罪，越来越多的人因为无法很好地估计自己和朋友、恋人、上司的心理距离而烦恼。

每个人都有“想得到别人的认可”“想得到别人的关心”“想得到别人的爱”这样的强烈愿望。可是，如果无法和对方保持适当的心理距离，即使通通都得到了，自己也感觉不到。有时，还会将喜欢误以为不喜欢。这都是因为没有建立起正确的人际关系理念的缘故。

本书以我常年从事的心理学研究为基础，将与家人、朋友、同事、上司等构筑良好人际关系的心得体会总结出来与读者朋友们分享。书中讲述了通过对方的动作读懂内心想法的技巧、从平淡的一两句话中看出对方本意的方法等能在实际生活中用到的内容。如果本书能在人际关系上对大家有所帮助，则是我最大的愿望。

**涩谷昌三**

**2010 年 12 月**

第一章

# 理解了心里话，就理解了人际关系

## 了解对方，就是要知道他的心里话

“我把提案交给经理后，他夸了我几句，可是即使这样，我还是不确定这是否是他真心所想。”

有人会存在这样的困惑。很正常，人们的所想和所做的确是有差别的。换作是您自己，也不会直白到想到什么就说什么吧。您肯定会顾虑到“这么说了对方会作何感想”、“不会讨厌我吧”、“不会伤害到他的感受吧”等等。于是，有时说话要么夸大其词，要么言辞闪烁。由此看来，虽然得到经理的赞许，但并一定是对自己的真实评价。

如果对方没有坦露“心中所想”或心里话，那就只能根据**言外之意**或其他方式来推测了。至于如何进行推测，本书稍后会介绍几种方法。使用这些方法，我们不仅可以推测出说话人的本意，甚至可以**看穿他的心**。

不必说，和他人建立良好关系的第一步，就是了解对方。而且，不仅要了解他的外在，还要深入他的内心，进而认识到本性的部分。另外，如果能掌握了解他人的窍门或技巧，不仅可以提高自己的交际能力，还能让自己的社会生活更充实。

### 开头效应

两个人初次见面，在短短的几秒钟（1~6秒）内就会彼此留下“印象”，不过这只是初步印象。再经过反复注视几次，才会形成比较确定的“第一印象”，而“第一印象”会在人的脑海中保存相当长的时间。我们人类有这样一个有趣的特征，即容易受到初次看到、听到的事物影响，并留在记忆中挥之不去。这在心理学上被称为“开头效应”。

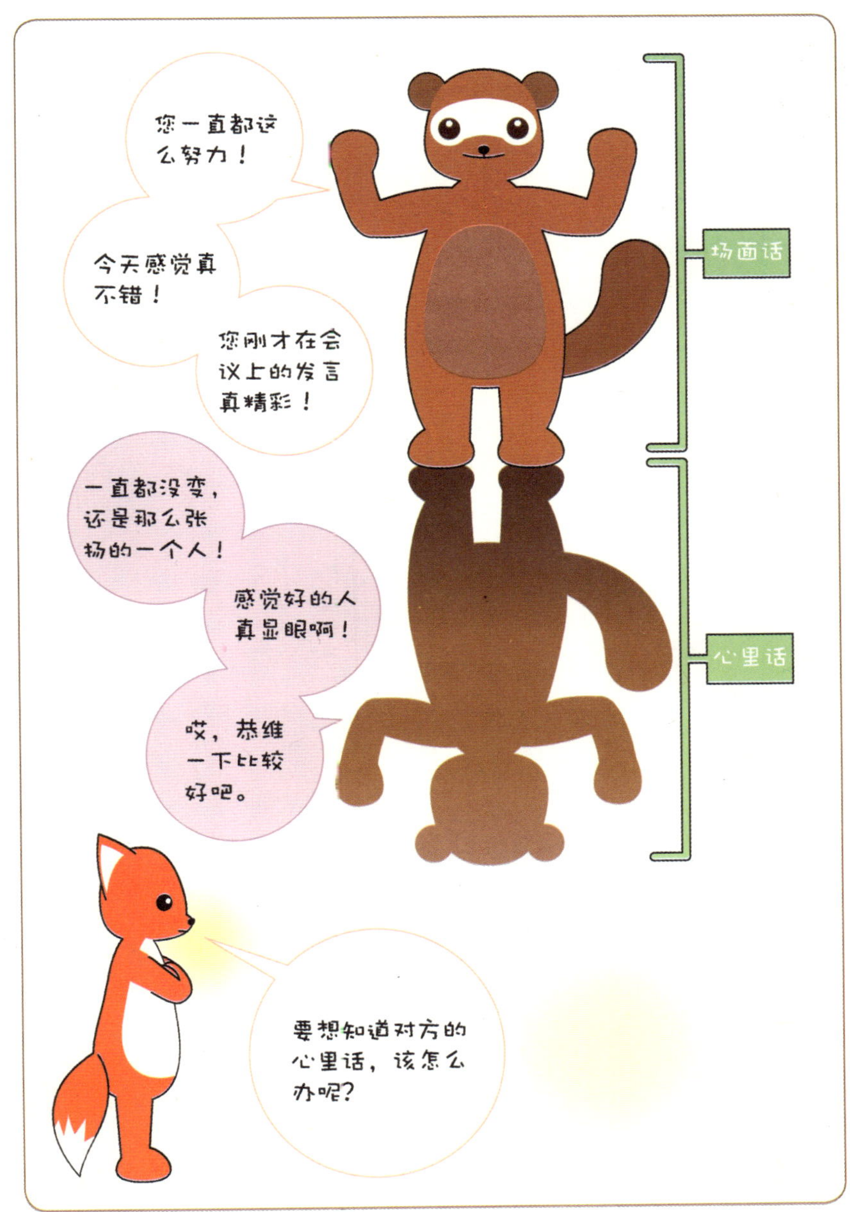
您一直都这么努力！
今天感觉真不错！
您刚才在会议上的发言真精彩！
场面话
一直都没变，还是那么张扬的一个人！
感觉好的人真显眼啊！
哎，恭维一下比较好吧。
心里话
要想知道对方的心里话，该怎么办呢？

# 借口和谎言是不可或缺的润滑剂

要构筑良好的人际关系，有时借口和谎言是必不可少的。听我这么说，也许有人会反驳："道理我懂！可是，我就是不想撒谎，也不想找任何借口。"

然而，请设想一下一个不允许谎言和借口存在的社会会是什么样子。本来，我们所说的"场面话"里就多多少少包含着谎言。不夹杂任何谎言的"心里话"，则要老老实实地坦露心中所想。比如，一直很关照自己的人请吃饭，结果有一道不是那么好吃的菜，那么我们就只能说："不好吃！"收到恋人送的礼物，如果不喜欢，就不能说"谢谢"。这样一来，人际关系会淡薄，恋人也终将离我们而去。

**"借口"**也一样。"借口"这个词由于有逃避责任之嫌，经常被当作贬义词使用。不过，批评一个人"找借口"，要在对方意见正确的前提下。实际上，对方所说的不一定都是对的，他们有可能曲解了事实，甚至恶意歪曲事实。如果这样都不允许辩解或找借口的话，就成了"说者先发制人"。而正因为可以辩解，议论才能成立，也才能得出正确的结论。

正如"**撒谎也是权宜之计**"说的一样，谎言和借口是人际交往中不可或缺的润滑剂。

### 说谎的能力

说谎能力的高超与否取决于自己对于谎言内心罪恶感的深浅程度。有人觉得说谎并不是一种可耻的行为，相反还会给自己带来利益，因而内心的罪恶感比较浅，很少会因为内心紧张带来不自觉的行为。相反，如果心理上认为说谎时一种不好的行为，会表现出说谎者具有的行为特征。

您身体可真好，
真让人羡慕！
我就是太瘦了。
啊！肚子好大
啊！他不担心
消化问题吗？
哪里哪里。
说什么呢！
不觉得很失
礼吗！

## 看透本意有一个过程

了解他人在心理学上被称为“人际认知”。“**人际认知**”通常分三个步骤来完成。

1.“以貌取人”，即通过外表获取信息；

2. 从第三方获取信息；

3. 直接和本人对话获取信息。

每个步骤都有一个要点。只有掌握了要点，才能“看到”对方的内心。

有很多人会质疑知人知面就能知心吗？实际上，只要有一张全身照，就能推测对方是什么性格、采用什么思维模式了。具体而言，表情、发型、妆容、眼神、身高、衣着或穿衣风格都能成为推测的依据。这其中包含身高，可能多少让人有点意外。个头矮的人，会一直仰视四周，容易形成压力，而这正是自卑产生的原因之一。压力和自卑又是影响性格的重要因素，这一点勿需赘言。

至于第三个步骤，并非单纯通过说话内容来认识对方。初次见面的两个人很少会互相坦露心声。那么，要通过什么来“看到”对方的内心呢？说话习惯、措辞方式、声音语调等，抑或是说话时目光的移动、四肢动作以及身体姿势等，都是重要的线索。如能深入观察，就能发现这个人真实的一面。

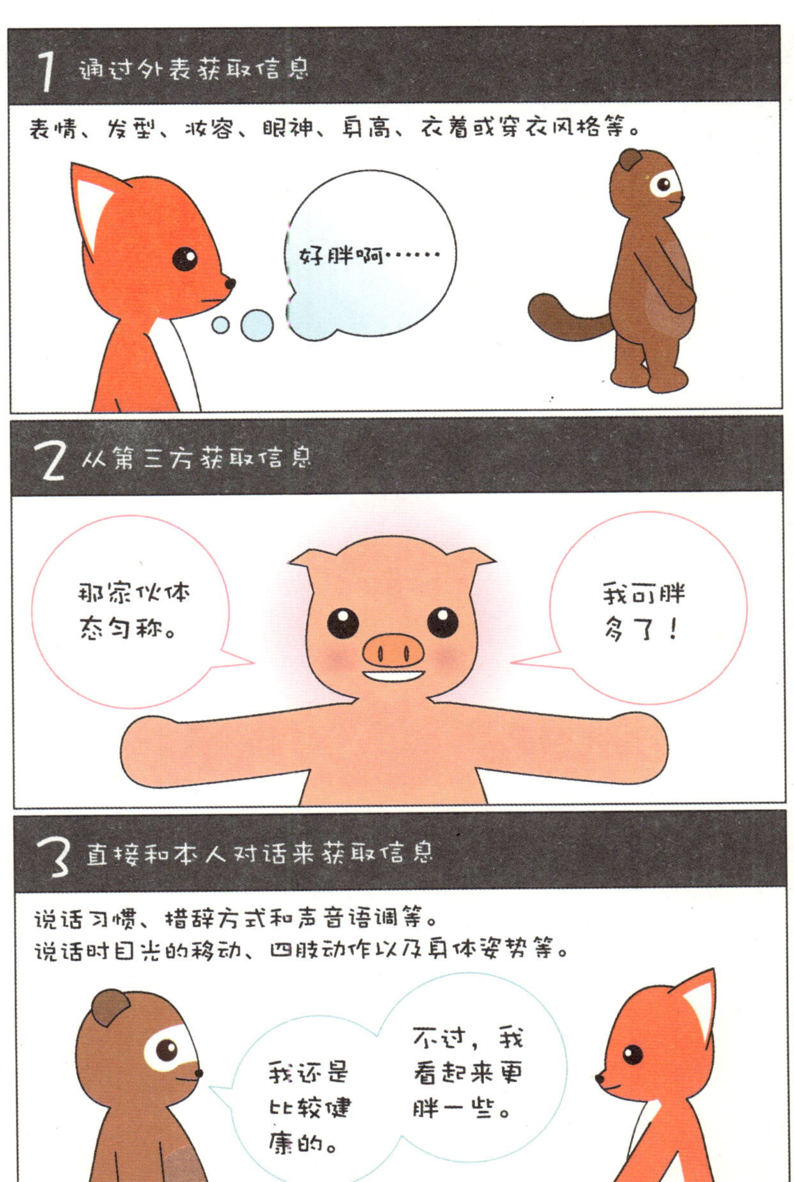
1 通过外表获取信息
表情、发型、妆容、眼神、身高、衣着或穿衣风格等。
好胖啊……
2 从第三方获取信息
那家伙体态匀称。
我可胖多了！
3 直接和本人对话来获取信息
说话习惯、措辞方式和声音语调等。
说话时目光的移动、四肢动作以及身体姿势等。
我还是比较健康的。
不过，我看起来更胖一些。

# 自我监控暂停时即本能自我暴露时

**“自我监控”**的间断期，是了解对方内心的最佳时机。

接下来要讲的内容可能稍稍有点专业。我们每个人的内心都有另外一个自己，他们监视着我们，看我们是否说了不合时宜的话，是否做出奇怪的举动。漫画里经常出现拟人化的“本能”和“理性”两个角色在脑海中各持己见的画面。其中，“理性”监督员一直关注着“本能”的一举一动，这种意识就被称为“自我监控”。

不过，这个监督员有一个缺点，那就是它和人的注意力集中时间有关。人不可能长时间地监控，正如看屏幕久了眼睛也会自动移开一样。这就造成了自我监控的“暂停状态”。这个时候，**“本能”的自我**就会暴露出来。

有时，正在专心听别人说话，却突然发觉说话人的遣词造句发生了变化，而且还手舞足蹈起来。所用的语言也不再那么正式，转而稍稍有些粗暴。这就是自我监控“暂停状态”的一种表现。

因此，如果发现对方的说话方式或态度突然发生变化，我们绝不能忽视这一瞬间。比如，一个平时说话彬彬有礼的人一瞬间变得粗暴无礼，我们应该认识到这是他的本性使然。

### 谎言的泄露

说话方式是判断一个人是否说谎的重要线索。首先，为了掩饰谎言，会觉得自己必须得说些什么，可又一时想不出，于是便变得结结巴巴。或者，与之相反，变得喋喋不休。其次，说谎者会刻意进行追加说明。最后，说谎的人回答速度超快。因为害怕出现僵局，会认真倾听快速作出反应。

理 性
我一向很健康，
而且一直坚持做
适当的运动。
我可能看起来
有些胖，但也
在一点一点地
努力减肥。
我比较注意
控制饮食。
不过，我不觉
得我有别人说
的那么胖。
我可是一直都
很在意体重的，
你们能不能不
说了！
本 能

## 有效使用自我告白的方法

虽然通过对方的动作、表情和说话方式能够推测他内心的想法，但是仍然无法确定时，最好能让他直接坦白。这时，可以使用一种叫作“自我告白”的方法让对方坦露心声。

您有没有过这样的经历？上门推销员来进行推销，因为实在无法拒绝，就只好任凭他说。突然，对方开始痛说现在的工作有多么辛苦、每天要付出多么大的努力等等。听到这些话，您会有种想帮助他的冲动，于是就签了购买协议。

自然不用说，这是推销员的策略，即用自己的辛苦换取同情、进而让对方放松警惕。也就是说，他成功运用了“**自我告白**”这个方法。

这个方法对引出心里话有“奇效”。比如，讲述自己的身世或倾诉家中的烦恼，由于这些话不常和陌生人讲，会让对方觉得自己很信任他，没把他当外人看。于是，听话的一方自然就**放松了警惕**，一不小心就将真心话和盘托出。

“自我告白”还可以用来打探秘密。比如，“我们经理特别喜欢女下属，所以我工作得就很辛苦。唉，你可要保密啊……”虽然这样套对方的话比较狡猾，但确实非常有效。

### “告白”的时机

进行自我告白的时机一定要把握好。如果两个人的交往还不多，就进行很深入的自我告白，大多时候恐怕只会适得其反。比如，对于刚认识没多久的朋友，就告诉人家一个具有冲击性的秘密，那非把人吓跑不可。所以，自我告白，也是由浅入深、循序渐进比较好。

说实话，我原来
特别胖……那你
岂不是费了很大
力气去减肥的？
是啊，可是还
得装作满不在
乎。
其实心里在
意得要死。

# 自我告白和自我呈现

前面介绍了如何用“自我告白”诱导对方说出心里话。接下来，我要介绍另外一种方法，那就是“自我呈现”。前者在英文中称为“self disclosure”，后者在英文中则称为“self presentation”。

**自我告白**，即告诉别人“我是这样的人”，坦露一个真实的自我。至于对方如何认为，就看他作何判断了。因此，自我告白后可能会直接遭到拒绝，比如“你这样的人不太适合我”、“我无法对你产生好感”等。

自我呈现，则是一种有意识地塑造自我的行为，即刻意去做对方期待的行为、说对方期待的话。最直接明了的例子就是通过网络建立起的人际关系。在网上，人们可以隐藏自己的相貌和真实姓名，就连住在哪里、从事什么工作、有什么兴趣爱好等都可以随意进行杜撰。也就是说，可以只**提供对自己有利的信息**。因此，自我呈现后被拒绝的可能性不大。

然而，如果想诱导对方说出心里话，自我呈现就显示出了局限性。如果自己提供的信息都是对自己有利的，那对方也不会提供对他不利的信息。

有人会觉得双方都应进行自我呈现，而由此构筑起来的人际关系会比较轻松、舒服。不仅如此，双方也应有勇气将关系再进一步发展。

### 自夸的分寸

1986年，日本的中村教授进行了一项试验，以自我呈现的形式向参加试验的人说自夸的话和谦虚的话，然后看这些人更喜欢哪一种。他事先准备了一些台词，以谦虚的话为基础，在其中加入自夸的话，只不过自夸的话所占的比例有所变化。结果表明，当自夸的话占60%时，最受人欢迎。

自我告白
坦露一个真实的自我。
自我呈现
只提供对自己有利的信息。

## 及时吐露心里话

不知从何时起，“崩溃”、“超崩溃”、“完全崩溃”这样的表达成为口头禅流行开来。“崩溃”一词，一般作为贬义词使用，比如“那个家伙真叫人崩溃，真不知道他哪根弦搭错了”。

“崩溃”到底是个什么样的状态呢？简言之，就是内心积蓄的不满和愤怒的情绪超出了可以忍耐的限度而爆发。这种情绪可以通过倾诉得到发泄。然而，考虑到自己的立场或对周围的影响，有时只能将它闷在心里。当这种负面情绪日益累积，最终会爆发出来。

如此想来，**为了不到崩溃的地步，就要适当地吐露“心里话”**。相反，一直将不吐不快的话积攒在心里，是很危险的。不过话虽如此，但心里话不是对谁都可以讲的，所以人生有一两知己就非常重要了。

日本前段时间，表演中极尽崩溃之态的逗笑艺人非常受欢迎。不过，他们只是表现了一种社会丑态。比如，有些人因为不堪折磨而崩溃，导致物品被损坏、人身受到伤害，有不少人甚至走上了反社会的不归路。因此，为了避免类似的情况出现，我们应该及时说出心里话缓解情绪上的压力。

### 恐怖片减压

其实，恐惧有助于放松人们紧绷的神经。电影中的恐怖情节让人直冒冷汗，可经历了意志和毅力的考验后，人的心灵好像也被注入了战胜恐惧的勇气和力量。尤其是刚刚看完恐怖电影、回到现实的那一刻，会有轻松和幸福感的体验。这种紧张后的松弛感，顿时让人们觉得压力全无。

内心积蓄的不满和愤怒的情绪超出了可以忍耐的限度而爆发
崩溃
快闭嘴！
吵死了！
别说了！

## 解读表情的能力是维护良好夫妻关系的关键所在

想问新婚夫妇这样一个问题：您一天花多长时间和爱人交流呢？有不少人会回答：“最近几乎都不怎么说话”。有一项调查的结果显示，四成以上的人的答案是“平均 30 分钟以内”。对于这个结果，打算结婚或盼望结婚的人，恐怕难免有点失落吧？婚姻难道真的是爱情的坟墓吗？基本上而言，恋人或夫妻之间的交流时间会随两人相处时间的增长而减少。

当然，我们并不能因此妄下定论、认为不讲话的夫妻关系就不好。几乎不说话却能保持良好关系的夫妻也不在少数。这样的夫妻，他们解读表情的能力都很强。长时间在一起生活，让他们通过表情就能猜出对方在想什么，比如“从今天早晨开始她就一直在发呆，会不会出了什么事？”

**解读表情的能力因人而异，**有人可以从微小的表情变化中获取很多信息，有人则丝毫看不出表情有任何变化。**解读表情能力强的人，不用交谈就能了解对方的所想和所感，**所以也经常能站在对方的立场考虑问题。因此，如果夫妻双方都具备这种能力，连说话都显得多余。

“你反应可真够迟钝的！”经常被人这么“数落”的人，很可能欠缺解读表情的能力。不过，现在为时不晚，可以先让自己养成认真观察对方表情的习惯。

### 夫妻相

夫妻一起生活的时间越长，感情越好，长得就越像对方。事实上，夫妻越来越像对方，有生理方面的原因。双方的生活习惯、饮食结构相同，时间久了，夫妻俩相同的面部肌肉得到锻炼，笑容和表情逐渐趋于一致，让原本有差异的两个外貌看起来也有了相似之处。

从今天早晨开始，
她就一直在发呆，
会不会出了什么
事？

## 在网上发表恶意言论是不成熟的表现

我们生活在一个**“心里话”泛滥**的世界，而且正是因为互联网的发达导致了这样的结果。

正如前面所说，在网上没有必要进行“自我告白”。网络上的自己，可能被塑造成一个完全不同的形象，甚至伪装成一个陌生人。因此，很多人从不考虑别人的感受，也不顾忌对周围有什么不良影响，而在网上信口胡言。

浏览网上的留言板，会不由产生一种复杂的感觉，因为有太多的诽谤中伤和破口大骂充斥其间。我们可以认为那些人因为没有知心朋友倾诉，所以要**在网上一吐为快，来换取心理上的平衡**。对此虽然不能一概否定，但觉得这样的做法有些过激的绝非我一人。

现在，网络上激烈的言论有增多的趋势。在拥有众多用户的网站上，像“杀了你！”“去死！”这样的字眼屡见不鲜。当然,有人仅仅是因为冲动。可是，即使是“冲动的话语”，被指名道姓的一方却未必这么认为，有时还会导致严重的后果。比如，以此为导火索的案件逐渐增多。

综上所述，在网上随意发表此类“心里话”的一类人不仅不成熟，相反十分幼稚。

你！你！
我一定杀了你！
37：无名
我一定要杀了你!!!!
姓名

## 必须直面内心的场合

“如果谁都不坦露心声，而是一味相互欺骗，这样活着还有什么意义？”对于这点，很多人都有同感。而且，在人的一生中，一定有不得不讲心里话、和对方坦诚相见的时刻。

恋爱就是一个很好的例子。有人说“恋爱是一场游戏”，这么说一定有他的理由。可是，如果双方都不以诚相待，就谈不上开始。抑或，开始交往后，如果不能互相坦露心声、进入对方的内心世界，那么也难有心心相印之爱。

生意场上也如此。比如，因为各方面都不明朗，自己没有把握拿下一单生意。此时，就要一探对方的心意了。**彻底抛开虚伪，与对方进行思想的碰撞很有必要。**相反，如果一直不肯摘掉伪装的面具，是无法说服对方、更无法让对方改变心意的。

同样，在人生的重要关头，我们必须说出自己的心里话，来换取对方的心里话。这个时候如果逃避了，我们将一无所获。

### 恋爱的“王道”

即使我们对对方（异性）完全不感兴趣，但如果对方在自己的私人空间中存在很长时间，我们也会渐渐对其产生好感。这便是“单纯接触原理”。如果对方与自己比较靠近，时间长了我们也会产生好感。这叫作“靠近的因素”。再者，相互了解也有助于增加好感，这叫作“熟知性法则”。以上三种心理效应，可谓是恋爱的“王道”。

场面话
心里话
在人生的重要关头，我们必须说出自己的心里话，来换取对方的心里话。

# 鸟笼效应

这是一个著名的心理现象。挂一个漂亮的鸟笼在房间里最显眼的地方，过不了几天，主人一定会做出下面两个选择之一：把鸟笼扔掉，或者买一只鸟回来放在鸟笼里。这就是鸟笼效应。这个过程很简单，设想你是房间的主人，只要有人走进房间，看到鸟笼，就会忍不住问你："鸟呢？是不是死了？"当你回答："我从来都没有养过鸟。"人们会问："那么，你要一个鸟笼干什么？"最后，你不得不在两个选择中二选一，因为这比无休止的解释要容易得多。其实，"鸟笼效应"的原因很简单：人们绝大部分时候都会采用惯性思维。

第二章

# 通过外表和动作看穿本性

# 避开视线是讨厌的信号

美国芝加哥大学的心理学教授埃克哈特曾做过一项实验。实验时，他随即给男女参与者看一些照片，然后观察他们瞳孔的变化。最终，实验得出一个很有意思的结果，即看到不同照片时，瞳孔的大小存在明显的差异。

比如，女性看到怀抱孩子的母亲的照片时，瞳孔平均扩大了 25%；而男性看到女性的裸照时，瞳孔平均扩大了 20%。实验结果还表明，**人类瞳孔的大小不仅会随周围环境的明暗发生变化，还受对目标关心和感兴趣程度的影响。**

如果仔细观察瞳孔的变化，可以得知对方的心理状态。对方看上去心不在焉地在听，可他黑眼珠深处的瞳孔却在渐渐扩大，由此可以断定他满不在乎的神情下掩饰的是对该话题的强烈关注。就像通常所说的“眼睛比嘴巴会说话”一样，人的心理活动全都显露在眼睛中。

除了瞳孔的变化，从对方的视线中也可以获取很多信息。比如，一个人正口若悬河，而听话者却总是回避视线上的交流。此时，可以理解为听话者已经厌烦了这个话题，或者对说话人并不感冒。发现听话者目光游离时也可以作同样的理解。这个时候比较妥当的做法是就此结束对话或者转换话题。

## 鼻子的“情绪”

我们的鼻子位于整个面部的正中，起到了“承上启下”的作用，表现出各种情绪。皱起鼻子，通常表示厌恶。愤怒的时候，鼻孔会张大、鼻翼扇动。鼻孔稍微张大，多半表示不满，或情感有所抑制。鼻头冒汗，一般表明内心特别焦躁或紧张。摸鼻子，说明不相信对方所说的话。

不运动不太好吧……
假期又荒废了……
体力不行啦……
肚子上的脂肪好像又多了……
唉，不想再听这样的话了……

## 通过眼神看穿谎言

观察对方的眼睛，可以判断他是否在说谎。

一般情况下，人在感到内疚或做了亏心事时，总是试图回避对方的视线。所以，当一个人的眼神游离不定时，他可能是在隐瞒什么。不过，也不能就此断定目不转睛注视着对方就是在说真话。相反，正因为大家都知道避开视线有说谎的嫌疑，有些人为了不被看穿反而大胆看着对方说话。

接下来，再给大家介绍一个辨别谎言的方法。**随着脑海中所想事物的不同，人的眼睛（眼球）活动也会随之变化。**现在就为您做一个具体的说明。（注意，这个方法只适用于“右撇子”。）

1. 眼球向左上方看——大脑在搜索记忆，所说的是真话；
2. 眼球向右上方看——大脑在制造想象，所说的是谎言；
3. 眼球向左下方看——试图回忆某种感觉或味觉；
4. 眼球向右下方看——感受到身体上的痛苦。

通过以上方法，可以在一定程度上了解对方的内心。盘问丈夫或男朋友昨天的行踪时，对方回答：“去和客户打高尔夫球了。”此时，如果他的眼球向左上方看，说明他脑海中浮现出昨天的情景，并没有撒谎。相反，如果他的眼球向右上方看，则说明他开始想象从未出现过的场景，可以由此判断他撒了谎。

眼球向左下方看
试图回忆某种感觉或味觉。
眼球向左上方看
大脑在搜索记忆，所说是真话。
眼球向右下方看
感受到身体上的痛苦。
眼球向右上方看
大脑在制造想象，所说是谎言。

## 左边的脸会说真话

人的大脑分左脑和右脑两个部分，它们各自掌管不同的功能。一般认为右脑负责形象思维和灵感，而左脑负责理性思考。

那么，您知道脸的左右两边也是有区别的吗？当然，因为左右两边都长着眼睛和耳朵，脸不像大脑左右两部分会有不同的分工。不过，它们之间还是有一定区别的：左半边脸更容易表露出感情、表情更加丰富。

当您直呼“啊？真的吗？”而惊叹不已时，对着镜子仔细观察一下自己左右两边的脸。或者，您可以用相机拍下自己的笑脸或生气时的表情，然后将相片导入电脑中，剪切成左右两部分。紧接着，分别将左脸和右脸的照片放在一起，比较之后就一目了然了。无论是高兴还是生气，左脸都可以准确地传达出。相比之下，右脸显露不出任何表情。

所以，**当您观察对方的眼睛后却无法得知对方在想什么时，请把注意力集中到他的左脸**。人的眼睛都是从左到右移动，所以最初视线很容易落在对方的右脸。那么，要反其道而行之，注视他的左脸。说不定，就能从左脸的表情变化中发现对方内心活动的蛛丝马迹。

### 视觉和听觉靠不住

视觉是所有感觉机能中获得信息量最大的一种。我们人类获得的信息中，有80%来自视觉。然而，视觉也是最靠不住的一种感觉，经常出错。听觉获得的信息量不足视觉的1/10。视觉只能看到正面一定角度范围之内的事物，而听觉可以不受方向限制，听到四周的声音。听觉有时也会出错。

心里话
场面话
怎么又错了？
真是的，什么时候才能让人放心啊……
文件出错了？
没关系，谁都有犯错的时候。今后注意就好了。

## 观察手的动作可以识破谎言

出乎我们的意料，手部动作是最能泄露“心机”的。比如，对对方报有戒备心时，不知不觉双手就会交叉放在胸前。这个动作会让我们觉得不会放松警惕，不至让对方看透我们的心思。相反，摊开双手侃侃而谈时，则显出放松的状态。

内心藏有秘密而感觉心虚时，手部动作会非常不自然。比如，用手捂着嘴和下巴、用手摸摸耳朵和脖子抑或揉揉眼睛和鼻子，明明没有出汗却用手擦拭额头……这些都是不自然的表现。有的女性为了掩饰心虚，还会把头发向上拢。此外，把手插在兜里、以及不停拨弄桌上的物品，这些小细节也不容忽视。

以上这些都是为了避免内心想法在脸上显露出来而不知不觉做出的动作。不论是谁在撒谎，都试图不露出蛛丝马迹让人生疑。所以，一般最先会注意到面部表情。而且，为了不让他人发觉自己内心的慌张，就要极力掩饰。可是，只要撒谎，人的内心就会紧张。因此，即使面部表情很自然，在其他动作上也会有所暴露。

**能够很好地控制手部动作的人并不多。**所以，**据此猜测对方内心的想法，是非常有效的手段。**有时，乍一看对方的表情很自然，但手却不听使唤地不停晃动，这就足以暴露他的心机。这时就要多加留意。

### 电子邮件人格的恐怖性

现代人的工作和生活很忙碌，有时都不愿过多交谈，总是一句“回头我给你电子邮件”了事。不过，由此也产生了新的问题，那就是所谓的“电子邮件人格”，即通过电子邮件内容了解到的发信人的性格与其实际性格不一致的现象。比如，某人写的电子邮件看起来冷冰冰的，而且似乎还很容易发怒，可是实际上那个人的性格却很温厚。

两手交叉
戒备心
两手张开
放松
不停晃动
说谎

## 腿部动作泄露内心的秘密

前面讲了如何通过手部动作了解一个人的心理状态，那么腿部动作是否也会泄露心机呢？不走路的时候，腿部基本没有动作，所以大家可能会觉得由此很难了解到什么。事实上，绝非如此。

会议中或会面时，有人会不停晃动双腿、将双腿交叉、又或者完全伸展。究其原因，可能是事情没有按照自己的预想发展而失望，或者还有别的会面而希望尽快结束。于是，受到心理活动的影响，人下意识地会动下双腿。

极端的例子便是不停地抖动双腿。很多人是习惯使然，而一般没有此习惯的人如果开始抖动双腿，可能是出于沮丧。因此，如果是在会议中，可以给他发言的机会，让他得以发泄。

世界著名动物学家和人类行为学家德斯蒙德・莫里斯认为人类动作按其可信度从高到低依次为：自律神经信号、下肢信号、身体（肢体）信号、无法识别的手部动作、可被识别的手部动作、表情以及话语。**最能流露内心想法的是神经自律信号，**表现为流汗或心跳加速等。**下肢（腿部）的动作位列第二。**由此看来，我们要留心发现腿部动作泄露出的秘密。

### 没个性化的恐怖性

本来性格内向、羞于在人前讲话的人，看演唱会时也会跟着大声唱歌，看体育比赛时也会高声为运动员呐喊助威。其实，当人把自己埋没于团体之中时，个人意识会变得非常淡薄。心理学将这种现象称为“没个性化”。个人意识变淡薄之后，就不会注意到周围有人在看着自己，觉得“在这里可以做自己喜欢做的事情”。

哎呀……会议
快点结束吧。
不停抖动双腿

## 从打招呼的视线和握手的方式发现敌对心理

假如和一个从未共事过的同事分到同一个小组，您一定很关心对方对自己的态度。如果他友善地接纳自己，只想着一起努力工作，自然没有任何问题。可是，若非如此，以后就有的辛苦了。

**对方是否友善，可以从他的态度感觉出来。**见面打招呼过后，如果他面带微笑和您轻松交谈，那就无需担心。可是，如果他几乎都沉默不语，而且还经常故意盯着您看，那就要特别注意了。这很可能说明他有很强的竞争心理，甚至对您怀有敌对情绪。

一般情况下，被人盯着看，不论是谁感觉都不会舒服（和我们关系亲密的人除外）。我们本能地会想："他想干嘛？"而换对方的角度看，他想让我们感到不安，借此使自己处于优势地位，就好像他在发表挑战宣言："我绝对不会输给你！"

另外，**从握手方式也能感觉到对方的态度。**握手后立即松开表露出的是漠不关心的态度，而一直紧紧握着则反映出"一起努力吧"的想法。不过，如果握手时用力过大甚至让对方感到疼痛的话，就另当别论了。同样，握手时一直盯着对方，也是向对方施压的表现，似乎在说："怕了吧！"

### 角色的恐怖性

本来一位很和蔼的前辈，自从他升任科长之后就突然变得很严厉。也就是说，他的角色转变了，人也跟着改变了。由此看来，这个所谓的"角色"是非常恐怖的。当人置身于某个角色时，为了让别人认可自己所担当的角色，人有时会超越自己的原则和价值观，甚至变成另外一种人格。

笑脸
一起努力吧！
一直握手
我想和你一起努力！
一直盯着对方
我绝不会输给你！
使劲握手、以至让对方感到疼痛
怕了吧！

## 初次见面就有身体接触的人过于自信

不论什么场合，总有人会习惯性地触碰对方的身体。你周围有这样的上司或资深同事吗？你要外出办事时，他会拍拍你的后背说："加油！"你加班到很晚，他会说些鼓励的话，还不忘拍拍你的肩膀。每次报告工作成果完毕，他都会和你握手……那么，到底是什么心理导致了这些行为呢？

一般来说，**人会根据对象的不同来调整自己的位置。**和不喜欢的人说话，总会保持一定距离；和亲近的、喜欢的人说话，则会特意靠得很近。而且，人会下意识地目测这个距离。据此分析，上司或资深同事拍自己的后背或肩膀是一种亲近的表现，甚至是信任的体现。因此，即使你为此感到很郁闷，也只能接受，最多心里感叹："怎么又来了……"

有人则不管对方是谁，都会触碰对方身体。即使两人是初次见面，也一贯如此。我们将这样的人归为"自信类"。一般情况下，人都会觉得和自己不熟的人有身体接触会让人生厌，因而不会做出类似举动。然而，这类人根本不会有这样的想法，他们反倒觉得："我拍你的肩膀，你肯定很高兴吧。"在潜意识里，他们认为自己很了不起，而这也是他们能在管理层或政界取得成功的原因之一。

### 私人空间

所谓私人空间，是指在我们身体周围一定的空间。一旦有人闯入我们的私人空间，我们就会感觉不舒服、不自在。私人空间的大小因人而异，但大体上是前后0.6–1.5米，左右1米左右。据调查数据显示，女性的私人空间比男性的大，具有攻击性格的人的私人空间更大。

我这么了不起，拍你的肩膀，你一定很高兴吧。
我很了不起！
你好……
啊，初次见面，你好，你好！
这么自信满满的一个人啊……

## 总是迟到的人态度傲慢

虽然守时是基本礼貌，但不管在哪儿，总有一些“迟到惯犯”。他们总是比约定的时间晚五到十分钟。本来早点从家或单位出发就不会迟到，可不知为什么就是做不到。他们总找借口说“刚要出门电话就响了”“路上又塞车了”等等，而且下一次还是“死性不改”。这种人即使在其他方面有较高评价，但因为给人“做事散漫”“不会自律”的印象，难以成为职场上的成功人士。

这类人暂且讨论到此。那么，你身边有这样的人吗？他们平常做事态度良好，也绝非“迟到惯犯”，但约好和你见面时，几乎每次都会迟到。如果真有这样的人，只能说明他看不起你。在他看来，给你造成麻烦也没有关系。如果对方是上司，那只能忍耐。但如果是同事甚至资深前辈，就应该想想对策，比如直言不讳地请他改变自己的态度。**如果一味迁就于他，自己就会一直被小看。**

当然，我们也要自我反省，看自己是否也常故意迟到。如果生意伙伴是新手，而且我们无论如何也提不起精神和他应酬，此时就很容易迟到。可是，长此以往，对方就会感觉被小瞧了，彼此间信任的基础也会土崩瓦解。

### 21天形成习惯

心理学中说，要形成一种新的习惯，比如每天早上起来喝一大杯水，这个需要21天。也就是说，如果坚持做了21天，就会习惯成自然，不需要意识去控制或调节就可以做到。这个举动最初由人的大脑掌控，转而由小脑掌控，而小脑储存了很多无意识动作，比如刷牙、洗脸等。

是他的话，稍微迟到一会儿也没事的。
啊，不好意思迟到了。来的路上有点堵。

# 发短信时多使用表情符号的人谨小慎微

发短信时，你会使用表情符号吗？我想女性基本都会回答“YES”。至少，不会有哪个女性一次都没用过。

那么，男性的情况呢？我觉得这与年龄有关，但是经常使用表情符号的人大概不会很多。从女性那里收到含有表情符号的短信后，回复时会加入表情符号的男性应该不在少数。这是男性一种有趣的心理。

先说个题外话。有的年长上司爱用流行语和年轻人用语，还常常讲笑话，以此博得周围人一笑。像这样，他们总是故意让自己显得很有趣。不过，这类人有一个共同点——**谨小慎微。对自己考虑的事或想说的话都不自信，总是试图在迎合他人的过程中获得认可。**

男性回复短信时使用表情符号的心理和这个不是很像吗？对方给自己的短信里有表情符号，自己要是都用汉字不显得很无趣吗？于是，便选择顺着对方的方式。据此分析，这类男性很在乎对方的反应，或者说使用表情符号的男性谨小慎微。

综上分析，在习以为常的短信交流中、看似平淡无奇的内容里，却包含着读取性格和心理的密码。

## 女性擅长非语言交流

与男性相比，女性更擅长非语言交流。女性可以通过表情、视线、动作等判断出对方的想法、意图又或者是否说谎。至于原因，有人认为，女性在育儿过程中，要了解还不会说话的婴儿的需求，就必须借助非语言交流能力进行判断。经过如此的反复锻炼，女性的非语言交流能力自然变得十分强大。

信息 0001
明天的日程
!!还好吗？
明日去喝一杯
怎么样？
咱们约个时间
老地方见！晚安
爱你宝贝
要是都用汉字回短信
不就被认为是很无趣
的人吗？

## 无法摆脱失恋困扰的人

先来做一道测试题。以下五个选项中，有几个符合你？

① 照片和书信都整理好保存起来。

② 没有穿过的衣服和没有用过的物品都舍不得丢掉。

③ 常常会翻看原来的日记。

④ 现在仍然和初中、高中同学互送贺卡。

⑤ 在车站或路口和人分别时，一定会回头看。

想必有人已经发现选了越多选项的人越怀念过去，或者说这类人是“恋旧型”。同样在恋爱中，他们也是失恋后无法忘记对方、无法很快投入到新感情中去的类型。相反，一个选项都没选的人则是可以很快摆脱过去阴影的人。

可能有人会怀疑第五个选项是否和恋旧有关。没错，**会不会回头看分别的人，和对他（她）的兴趣或关心程度有关。**如果对方是自己心存好感的异性，回头看的机率一定很高。那种回头顾盼、期待四目交汇的经历，谁都曾有过吧。那么，不论对方是谁都会回头看的人，也一定十分怀念过去的人和事。

### 失恋的心理

失恋是人生中最痛苦的经历之一。有时被甩的人怎么也想不通，自己有什么不好。于是，便反复回忆过去交往的经历，想找出自己做错了什么，结果越想越痛苦。这是失恋初期的一种抵抗心理。这个时期，人脑内会分泌出一种既令人悲伤又思念对方的物质。结果，虽然已经分手，但对对方的爱情却加深了。

1 照片和书信都整理好保存起来。
ALBUM '00
ALBUM '01
ALBUM '02
ALBUM '03
2 没有穿过的衣服和没有用过的物品都舍不得丢掉。
“鸡肋”3
“鸡肋”2
“鸡肋”1
3 即使现在也常常会读原来的日记。
05年9月23日
晴れ。
今日は暖かかったので
しまったTシャツを引っ張り
出してきた。
明日からはまた
寒くなるらしい。
4 现在仍然和初中、高中同学互送贺卡。
A HAPPY NEW YEAR
元気ですか?
同窓会以来会ってないね。
今度飲みに行こう!
今年もいい年で
ありますように。
ポン太
元気ですか?
同窓会以来会ってないね。
今度飲みに行こう!
今年もいい年で
ありますように。
ポン太
5 在车站或路口和人分别后，一定会回头看。

## 女人“想让你疼、想依靠你”的信号是什么？

和相处不久的女友约会时，她慢慢地依偎在你肩上。很显然，这是“想让你疼、想依靠你”的心理暗示。不过，有的女性不善于表达内心的感受。所以，现在要“透露”给大家一些女性“想让你疼、想依靠你”的信号。

首先要注意的是，她坐在你的什么位置。比如，在咖啡厅的四人桌，她若与你相对而坐，表示她想和你谈些什么；而坐在你身旁，则表示她想紧紧挨着你，当然这也可以理解为“想让你疼、想依靠你”的信号。两个人去唱卡拉 OK 时，如果和你面对面坐在桌子两旁，说明她只是想和你唱唱歌。同样，如果坐在你旁边，你就可以理解为她想和你更亲近。

其次，**说话时的动作也可以传递出“想亲近”的信号**。本来聊得兴高采烈的，她却突然闭口不言，同时还紧紧盯着你的眼睛，露出一副欲言又止的神情。可是，当你问她：“怎么了？”她只是淡淡地回答：“没什么！”然后，却突然说起过去的一些伤心事。这也是女性“想让你疼、想依靠你”的信号之一。

此外，女性双手托着下巴的动作容易被忽视。一般会认为这是无聊的表现，可是其中也包含了“想依靠谁”的意思。

### 恋爱心理战

恋爱是男女间的“心理战”。一般说来，男性能否取得主动，重点在于如何解读女性的心理。其实，女性会以各种方式发出暗示，男性是否能发现并正确解读，是让两人关系更深入或更疏远的关键。男性看不出或错误解读女性下意识的暗示行为，会让女性觉得“怎么都不合我意”。倘若是女性刻意的暗示，该男性就要被列入不解风情的“迟钝男”。

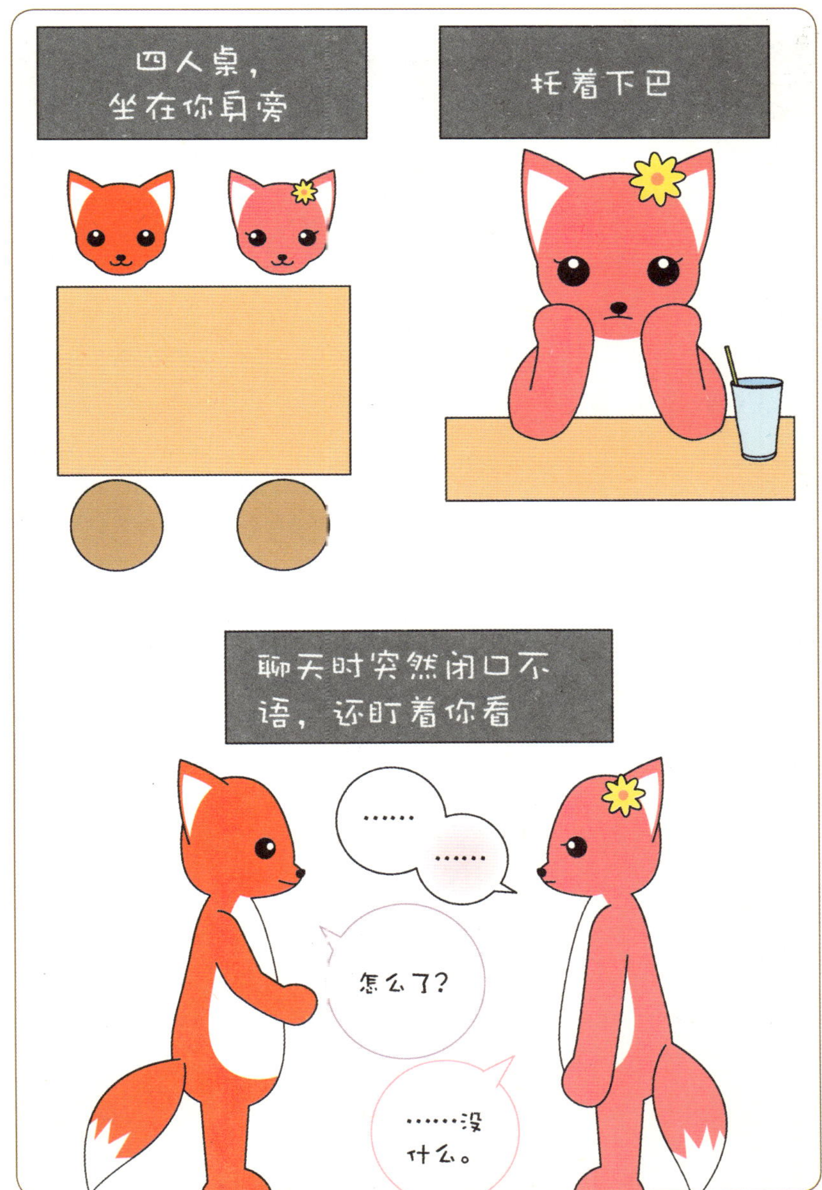
四人桌，
坐在你身旁
托着下巴
聊天时突然闭口不
语，还盯着你看
……
……
怎么了？
……没
什么。

## 隐藏在华服下的心理

有这样两种人，一种总爱“盛装打扮”，而另一种总是朴实无华。要说哪种人更有行动力，毋庸置疑大多数人会认为是前一种。实际却不一定如此。

回忆一下你在挑选衣服时的想法。即使有一眼看中的，恐怕你也不会立刻付款。一般情况下，你都会左思右想：“穿上这件衣服，别人会怎么看？”换句话说，**一般人都不会因为单纯喜欢就买一件衣服**。相反，都会顾虑到他人的看法。其实，都出于自己“想让周围的人这么认为”或“自己想成为这样的人”这样一种心理。

前面说到，穿着鲜艳时尚的人行动力不一定很强。相反，性格稳重的人为了展现自己真实的一面，或者说突显出很强的行动力，会表现得很积极。而且，不光是服装的新潮，在发型和化妆方面也是如此。我觉得尤其是女性，很多染发的女性都是内向的。

此外，有些人的穿着第一眼就让人有敬而远之的念头。比如“他总是穿得那么潮，我和他简直是来自两个星球的。”因此，我建议大家在穿着上应自然一点。不过，如果你身边刚好有穿着另类的人，也不妨多接触，或许会发现他表里并不如一。

### 选择衣服的标准

假如这个世界上只有一个人，那他肯定会选择穿自己喜欢的颜色。可是，由于存在各种各样的规则和要面对各种各样的人，人的表现力受到了限制，而且世人也大多“以貌取人”。因此，选择衣服这事，不是单凭个人喜好那么简单。于是，有人明明喜欢粉红色，但平时却总穿自己不喜欢的白色衣服。

他们会觉得我很开朗吗……要是都觉得我很有趣就好了……
大家好！今天一定要玩得尽兴！大家一起来 Happy 吧！

## 喜欢名牌货的人畏惧权威

不久前，某世界服装品牌登陆日本成为大家热议的话题。该品牌在日本银座的旗舰店开业当天，迎来了多达5000位顾客排队等候入场。然而，原以为这家店是因为品牌高档才有如此火爆场面，后来才了解到只是价格便宜的缘故。也许，大家挤着去买名牌的日子就要一去不复返了。

话虽如此，现在仍不乏酷爱名牌的女性。一般会认为这类女性对权势和头衔趋之若鹜。尤其是追求香奈儿等一线品牌的女性，这种倾向更为明显。甚至，和男性交往时，她们看重的都是对方的留学经历、家庭背景、工作单位是否是世界五百强等等。

和这类女性共事时，搬出上级来说事会很奏效。比如，交代工作完毕后，可以补充一句“这是经理直接负责的项目”。恐怕她对“经理”二字十分敏感，一下子就干劲十足。

此外，追求名牌也可以说明这类女性的晋升意识很强。**追求名牌本身是一种想跻身上流社会的心理表现**。因此，她们不会只满足于拥有光鲜的外表，还会拼命工作、努力向上爬。

### 不只女性喜欢高收入男士

女性喜欢高收入男性的现象并不仅仅存在于人类社会中。新几内亚和澳大利亚等地有一种名为“园丁鸟”的鸟，雄鸟在求偶时会用树枝搭建“凉亭”，并用贝壳、羽毛等色彩鲜艳的小物品装饰其间。而雌鸟会选择自己最喜欢的鸟巢，并与鸟巢的主人交配。

喜欢名牌货
是想跻身上流社会的表现
晋升意识很强
我新买了一个包！

## 不同眼镜款式展现出的自我

眼镜是矫正视力的工具，但由于款式的不同，它可以瞬间改变一个人的形象。所以，有的人戴眼镜实际上是出于这个目的。接下来，我们一起来分析选择**不同的眼镜款式分别投射出什么样的心理。**

现在，金属细框或无框眼镜非常流行。这种款式的眼镜对脸部形象的改变不大。因此，选择这款眼镜的人不太注重装扮自己，甚至十分反感掩饰真实的自我。同样，选择无框眼镜的人也对虚伪和做作的人不屑一顾。

同样是金属框架，如果设计很普通，说明佩戴的人虽有改变自身形象的想法，但无彻底改变的勇气。由此可以判断，他们性格中有谨小慎微的一面。

此外，有些款式的眼镜设计独特，其中黑色粗框镜架冲击力十足。戴这款眼镜的人有强烈的“变身”欲望。他们不满于现状，想过一种不一样的生活。

还有一类人，有自卑心理，戴眼镜是为了将自己“遮挡”起来。在别人看来，他们似乎非常喜欢戴眼镜，实则是因为讨厌别人发现自己不自信的一面。

### 墨镜心理效应

从心理学的角度看，戴墨镜与人打交道不但不利于交往，还会给对方带来心理不适感。人的可信度也会降低，心与心的交流就更无法进行了。其实，目光交流才是最自然、最好的方式。有位心理学家说，女人外出戴墨镜比带两个保镖都管用。看来，戴墨镜不仅有神秘感，还有震慑力。

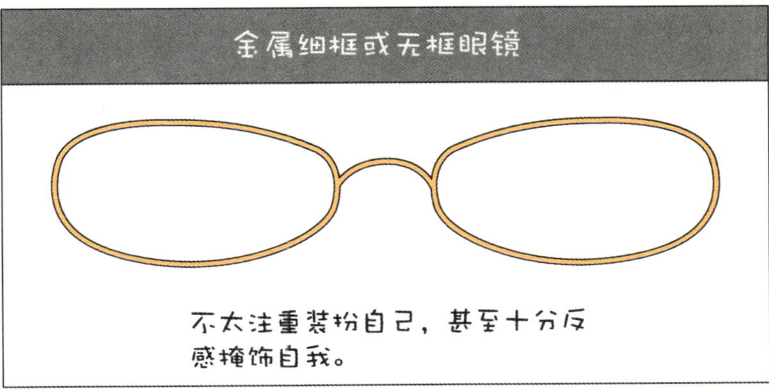
金属细框或无框眼镜
不太注重装扮自己，甚至十分反感掩饰自我。

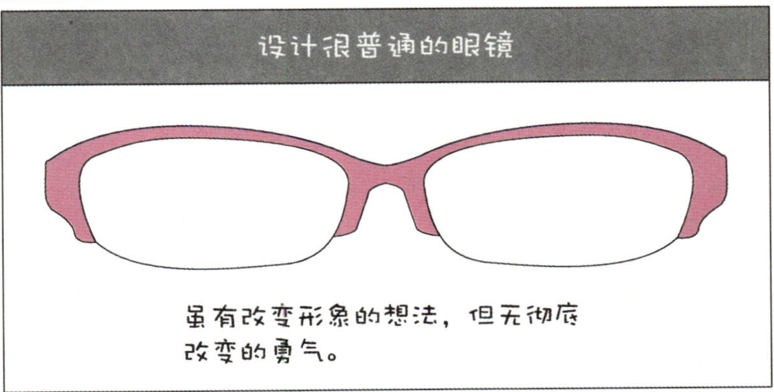
设计很普通的眼镜
虽有改变形象的想法，但无彻底改变的勇气。

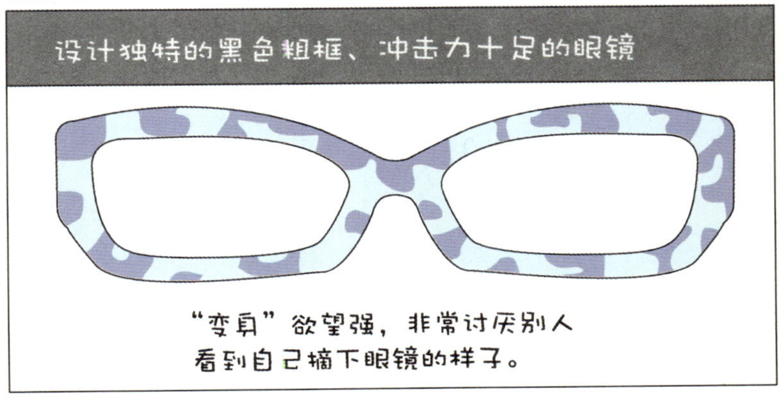
设计独特的黑色粗框、冲击力十足的眼镜
“变身”欲望强，非常讨厌别人看到自己摘下眼镜的样子。

## 摘下隐形眼镜、换上框架眼镜的心理

很多人即使视力不好也不戴框架眼镜，有人为了方便会戴隐形眼镜。和戴框架眼镜的人相比，后者的“变身”欲望不强，大概是自知不适合戴框架眼镜的缘故。

那么，现在有一个问题：假如一直相处的恋人突然戴框架眼镜出现在你面前，你会作何反应？如果只是“戴着合适就无所谓，不会多想”，说明你并未真正了解她的心理。我们常说发型的变化可以反映内心的变化，同样，**“佩戴眼镜”这种变化也意味着某种心理的变化**。

如果只是她最近刚好买了新眼镜，就不必多想。关键是，她在什么场合戴眼镜。如果平常都戴框架眼镜，只是每次见你时换成隐形眼镜，就要引起注意了。

这个情况只有一种原因，那就是她不想让你看到自己戴眼镜的样子，因为戴框架眼镜会让她显得不自信。可是，随着对你的感情日益加深，她想让你了解一个真实的自己。于是，她便决定让你看看自己平常的样子。这个时候，你要能体会她的感受，重要的是告诉她戴眼镜时也很美。

### 有效的自我展示

自我展示分为“战术性自我展示”与“战略性自我展示”。所谓“战术性自我展示”，包括“自我宣传”、“奉承”、“威吓”等，即在短时间内给对方留下的印象。“战略性自我展示”，则包括建立“威信”、“信任”以及获得“尊敬”等，即在较长时间内给对方留下的印象。

哎？本来一直都
戴隐形眼镜的，
今天怎么……
戴眼镜也很
好看嘛！
因为没有自信，所
以不想让人看到我
戴眼镜的样子。
想让对方看到真
实的自己。

# 从吸烟方式看心理

禁烟这个话题讨论了很久，但从吸烟人数看，收效并不大。日本烟草产业的调查结果显示，成年男性的吸烟比率为39.5%（2008年）。现在，日本男性中，每五个人中就有两人吸烟。

就算是烟鬼，也不会整天都在吸烟。完成了一件工作，吸根烟可以让精神得到放松。工作进展不顺时，吸根烟则可以缓解焦虑的情绪。于是，每到这个时候，他们就习惯性地将手伸向了烟。

工作结束和工作不顺时，吸烟的方式有所不同。工作结束后身心放松，会慢慢品味香烟的味道。工作进展不顺时则焦躁不安，会小口快速地吸进去再吐出来并如此反复，而且经常吸完一根又迫不及待地点上一根。

综上分析，**通过观察吸烟方式，可以洞悉一个人的心理状态。**又例如，谈判时，自己提出一些条件，可对方通通说不满意。此时，如果他优哉游哉地抽烟，表示他实际上已经准备接受自己提的条件。

### 持烟的方式

持烟的方式可以反映一个人的性格。夹在食指和中指的指尖上，性情比较平静、踏实，爱表达自己，亲切自然。不足之处在于容易随波逐流，缺乏决断力和意志力。夹在食指和中指的指缝里，是个行动主义者，自我意识很强，不太善于协调人际关系。如果是用拇指、食指和中指捏着，性情较为冷一些，不过头脑聪明，工作作风干练。

十分焦虑地吸烟
对谈判不满意
非常轻松地吸烟
对谈判很满意

## 毛毛虫效应

毛毛虫习惯于固守原有的本能、习惯、先例和经验，无法破除尾随习惯而转向去觅食。法国心理学家约翰·法伯曾经做过一个著名的实验，称之为“毛毛虫实验”。把许多毛毛虫放在一个花盆的边缘，使其首尾相接，围成一圈。在花盆周围不远的地方，撒了一些毛毛虫喜欢吃的松叶。结果，毛毛虫开始一个跟着一个，绕着花盆的边缘一圈一圈地爬。一小时过去了，一天过去了，又一天过去了，这些毛毛虫还是夜以继日地绕着花盆的边缘在转圈。一连走了七天七夜，它们最终因为饥饿和精疲力竭而相继死去。后来，科学家把这种喜欢跟着前面的路线走的习惯称之为“跟随者”习惯，把因跟随而导致失败的现象称为“毛毛虫效应”。

# 第三章

# 听到这些话的时候要注意了

# “很有意思啊”并不是表扬

不想让对方不高兴、不愿打击他的积极性、想给他鼓励……因为这样的理由，谁都有过违心夸奖别人的经历吧？如果对方与自己存在利害关系，有时即使心有愧疚，也要大加赞扬。因此，**得到表扬时，我们一定要揣摩一下对方的本意是什么。**

下面，举个例子来说明。你向上司提交了一份计划书，当时他便表示：“很有意思啊！”为此，你感到欣喜若狂。可是，之后就没了回音。到了最后，计划也没有被采用。那么，问题出在哪里呢？其实，“很有意思啊”只是在无法直接拒绝时采用的一种委婉的表达。

首先，“很”表示“比我想象的要好”，即它超出了上司的预期。从这个意义上讲，可以把它当作表扬。可是，它的“好”还未到可以采纳的程度。而且，“有意思”这么抽象的表达，也只是在没有找到合适措辞时的选择。其实，上司的本意很可能是：“我知道你很努力了，但是很可惜没有什么值得称道的地方。”

当然，每个人的说话风格不同，不用听到“很有意思啊”就感到垂头丧气。不过，这个时候欣喜若狂还为时过早。

### 不愿拒绝的心理

也许是因为我们相信，拒绝表示漠不关心，甚至自私。而且，我们害怕因此会令别人灰心，担心自己被讨厌、批评，甚至损害到友情。有趣的是，拒绝的能力与自信紧密相联。缺乏自信和自尊的人常常为拒绝别人而感到不安，而且有觉得别人的需求比自己的更重要的倾向。

我知道你努力了，但是没有什么值得称道的地方。
很有意思啊！

## “年轻真好啊”中隐藏的含义

“年轻果然好啊！我就想不出这样的主意！”

类似的话语，应该听年长的上司说过。其中，后半句根据情境的不同，可能是“我可没有这么好的体力”“我可没有这么大的冲动”等等。不管怎么说，看似表扬下属的话语中却另有含义。

的确，随着年纪的增长，年长的上司对年轻人活跃的思维和充盈的体力渐渐会有羡慕的趋势。不过，他们却有着从激烈的竞争中生存下来的自豪感，保有一种“还不会输给年轻人”的韧劲。

由此看来，虽然他们嘴上说“年轻真好”，心里却未必这么认为。那么，是出于什么原因呢？从心理学的角度分析，这可以理解为**他们在年轻人面前摆出的一种姿态**：我们承认年轻很好，但是和你们不同的是，我们深知要脚踏实地才能让理想变为现实。

作为年轻人，听到年长的人夸奖自己年轻有想法时，不要太得意忘形，而应该谦虚地回答：“其实我觉得还有更好的方法，还请您多赐教。”这么说会让年长的人觉得你虽然很年轻，但是很懂礼貌。

### 拒绝的技巧

首先，保持简单回应。如果你要拒绝，要坚决而直接。其次，给自己一些考虑的时间，打破“是”循环。再次，考虑妥协方案。同意用有限的时间或能力去做。最后，记得你是拒绝请求，而不是排斥一个人。通常人们都会明白，你有拒绝的权利，就像是他们有权利要求帮助。

不过，我和你们年轻人不一样，知道如何把理想变成现实。
年轻果然好啊！我就想不出这样的主意！
其实我觉得还有更好的方法，请您多赐教。

## "某某真了不起"表示超越的决心

"经理果然厉害！"

"不愧是经理，这么棘手的事都搞定了！"

要是下属这么说，恐怕哪个上司听了都会很得意吧。可是，这真是他们的肺腑之言吗？

对上司出色的工作能力，下属可能由衷地感到佩服，但也不能完全排除客套的成分。那这种佩服到底是真心还是假意，要视他平时的态度而定。如果，他平常就很仰慕你而且只在适当的时候接近你，这说明他的一番话是发自内心的。

不过，要说明的是:即使是客套话，下属也自认不如上司。一般情况下，倘若下属认为上司不行，也不会乱加奉承。

此外，**经常奉承上司的人多是进取心强的野心家**。正是因为他们也想坐到同样的位置，才会故意和上司套近乎。"好厉害啊"这句话的真实含义其实是"以后也要有人这么对我说"或者"我要超过这个人"。

### 高明的"奉承"

对公司的普通职员来说，与上司处好关系是非常重要的。有时，因为与自己的切身利益息息相关，职员会对上司说违心的话、做违心的事，这就是所谓的奉承。比如，逢年过节时，特意给上司送些礼物，就是奉承的一种形式。不过，如果这种行为的频率太高，就没效果了。如果让上司看出你并非出自真心，还会适得其反。

以后也要有人这么对我说。我要超过经理！
不愧是经理，太厉害了！

## "可能是这样"其实是"我不这么想"

会议中，发言的人向大家征求意见时，大多数人会附和："我也这么想。"可是，有一个人却说："可能是这样吧……"这时，发言的人该作何理解？

发言的人也许会认为，是他没自信提出反对意见才会这么回答。当然，有这个可能，但也不排除有言外之意。其实，潜在的含义很有可能是：我不这么想。

我们暂且假定他有不同意见。可是，在场的各位都没有提出异议，如果他直言不讳"我不这么想"，这就需要很大的勇气。他可能会有这样的顾虑：如果因为自己提出反对意见而耽误了会议进程，大家可能会怪罪于他。然而，他又不愿违心地表示赞同。于是，为了不让大家觉察到自己的真实想法，便只好敷衍一句："可能是这样。"对于这个回应，发言的人要有充分的考虑。也许很多场合下，"可能是这样"等于"我不这么想"。

情况往往是这样，稍稍改变说话的方式，意思就整个颠倒过来。因此，对于对方话语间的真正含义，一定要认真揣摩。

### 从众心理

当个体受到群体的影响，会怀疑并改变自己的观点、判断和行为，朝着与群体大多数人一致的方向变化。这就是从众心理，也就是"随大流"。一般有三种表现形式：一是表面服从，内心也接受，所谓口服心服。二是口服心不服，出于无奈只得表面服从，违心从众。三是完全随大流，谈不上服不服的问题。

我也这么想。
可能是这样吧……
其实我想说不是这样的……
现在提反对意见，好像不是时候……

# 高呼“大胆去做吧！”的人其实很消极

在困难面前畏缩不前时，我们常听到这样的鼓励：“别阴沉着脸，大胆去做吧。”这其中蕴含的道理显而易见，即如果一开始就自认“反正不行”，最后自然不会有好结果。要获得成功，重要的是积极地思考，有一种势必要成功的自信。

然而，很多人都误解了这个意思。比如，有下属来谈工作，上司没等他开口就斩钉截铁地说：“你肯定行的，大胆放手去做吧！”原本，下属是来请教工作上的问题，结果却被这么一句鼓励生生挡了回去，最后什么帮助都没得到。

据此分析，这类上司在**遇到麻烦事或不愿插手帮忙**时，就会用“大胆去做吧”之类的话来搪塞下属，似乎这样就有一种履行上司职责的感觉。其实，从本质上分析，这类人的做事态度一点也不积极，相反只会消极行事。

### 表扬=激励

如果对对方抱以期望并将自己的期望告知对方，对方会主动朝着期望的目标奋起努力。这种方法比强迫对方努力工作的效果要好得多。这被称为“皮格马利翁效应”。这种心理效应对于激发部下的工作热情非常有效。身为上司，想批评下属时，不妨先忍一忍，换一种表扬、期待的口吻，也许更能促进其成长。

那个，我想和您谈一下工作的进展……
好麻烦啊……
哎，肯定没问题的。你就大胆去做吧！
……

## 因为责任感而说出“做不好怎么办？”

“搞砸了可怎么办？”

有很重要的事情求朋友帮忙，可他却这样小声嘀咕，表现得很不安。此时，你可能顿生悔意：“去找别人就好了。”然而，这样的人其实最可靠。

不论是谁，身上多了副沉甸甸的担子，都会有种“能不能办好”的不安与担心。只是，很少有人会表达出来。至于理由，那是**因为他担心做不好会让对方对自己失去信心。**

那么，小声嘀咕出来又是为什么呢？首先，通过说话可以减轻不安。其次，希望对方可以帮自己减轻不安。

听到答应帮忙的朋友说“要是搞砸了怎么办”，不会有人附和：“你肯定不行。”十之八九都会鼓励他：“你肯定没问题的。”其实，他就想听到这样的回应。

如果答应帮忙的朋友十分谨慎，会顾虑到：“要是没做好，给他造成麻烦了怎么办？”为此，他会制定周密的计划并付诸实施，结果往往把事情做得更好。

相反，如果答应帮忙的朋友一口就应承“交给我你就放心吧”，反倒风险更高。

期待着这句话
没事，你肯定没问题的！
要是搞砸了怎么办……

## “现实很残酷！”其实是无能的托辞

公司里的上司多种多样。我想其中要敬而远之、唯恐避之不及的当数对下属特别严厉的上司。就算他们不插手你做的事情，也会整天对你大吼大叫。

训下属时，他们有一句口头禅：现实是残酷的。这也是他们训话时的必杀技之一。

不过，还从未听说有谁会因为这句话洗心革面的。“现实很残酷”，不过是过来人对人生的一种感悟，听的一方只会觉得：“这种明摆着的道理就不必和我讲了。”

可是，他们为什么还对这句口头禅百说不厌呢？简言之，一句“现实很残酷”就可以**表现出他们作为上司的威严**。其实，他们想表达的本意是：“我工作的时候，你还是小屁孩呢。世上的道理我比你懂，你都听我的就好了。”

说得狠一点，是因为他们词穷了，只知道这样来训话。又或者，他们深知自己讲的都是些不值得一提的东西，所以就只好大吼大叫了。

### 上司的训话

有一种“既尊重自己也尊重对方”的人际交往方式——维护法。上司在训话时，可以借鉴，即上司既要理解并尊重部下，还要将自己想说的话充分表达出来，而不是一味地批评。上司要提示部下犯错的原因（行为），然后给他分析犯错的结果（影响），最后将自己心中的想法（感情）传达给部下。

我工作的时候，你还是小屁孩呢。世上的道理我比你懂，你都听我的就好了。
现实是残酷的！

## “可是……”是听不进去的表现

“要这么说的话……”“也就是说……”“可是……”三者都是接别人的话题时常用的“连接语”，但用法存在微妙的差异。

“要这么说的话……”承接别人的言论，引出相关话题。“也就是说……”则换一种方式强调之前所说的话。与前两者不同，“可是”则无视别人说过什么，完全转移到新的话题。

这三者中，“可是……”最耐人寻味。比如小组讨论时，经常有人“可是……”个没完，这样会让人不知所措。大家一直在讨论一个问题，可他们却用“可是……”强行转换话题。结果，刚刚讨论得有点眉目，中途又被打断。整个讨论中只要出现两三次“可是……”就无法再继续下去。

其实，**总爱说“可是……”的人无法忍受自己不感兴趣的话题，也没法静下心来倾听**。由此可以判断，他们不仅在性格上以自我为中心，而且十分幼稚。

平常多注意自己的说话方式，是否也不小心总是用到“可是……”。“可是……”用得泛滥了，会被周围人疏远，甚至还会因此失去朋友。

### 遭遇讨厌的人

如果我们讨厌一个人，对他的讨厌程度就会以加速度上升。此时，应该冷静下来，仔细想想自己讨厌对方哪些地方。其实，对方身上的毛病，也许正是自己身上的毛病。换个角度来想，我们讨厌的人也许就像是一面镜子，可以帮助我们发现自己性格中的问题并加以改正。

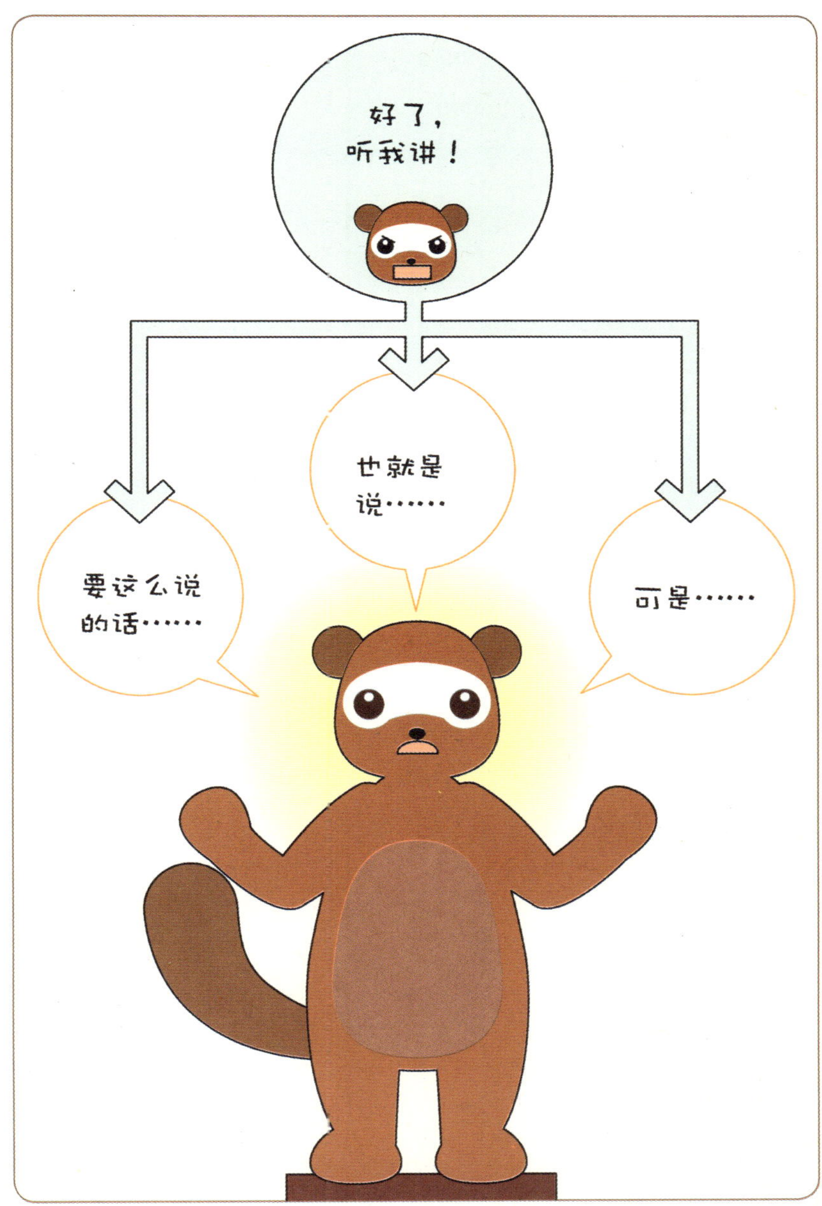
好了，
听我讲！
也就是
说……
要这么说
的话……
可是……

## 通过“不是”“也就是说”看一个人的性格

习惯用“不是”和“也就是说”承接别人话题的人，有一种共同的性格倾向。

如果对方无法领会自己的意思，他们会急于进行否定：“不是，不是这样的”。其实一开始就解释清楚，也不至于再多费口舌。因而，原本是自己不对，他们却怪罪对方无法理解，将责任都推到对方身上。由此看来，**多用“不是”反驳的人相当地以自我为中心**。

另一方面，“也就是说”用于总结说过的话。如果担心对方不能完全理解我们的意思，可以作个简单总结：“也就是说……”这个“连接语”也可用于将几个人的发言总结后得出结论。

从表面上看，常说“也就是说”的人好像有什么重要发言，实则只是把他人说过的话换一种方式重复一遍，要紧的话一句没有提。当然，他们也绝非在表达自己的独特见解。这么看来，把“也就是说是这样的吧”当作口头禅的人也仅仅是擅长总结别人的发言而已。

### 伤人的“否定”

心理学家马斯洛认为，受人尊重、生理、安全感、爱与被爱和自我实现是人的五种基本需求。每个人都需要在他人的语言认同、肯定和赞美中，来增加“自我价值”与“自我尊严”。如果常在言谈中“否定对方”，会令对方难堪、生气，甚至产生语言和肢体上的冲突。严重的话，还会伤害到对方的自尊。

不是……
是这样嘛……
不是！
相当地以自我为中心
也就是说……
是这样对吧？
总之……
就是说……
只不过是总结别人的话。

# 坦白“我的性格不太好”的人其实相当自恋

联谊会上刚刚认识的女性就和自己坦白：“我的性格不太好”。作为男性，该如何回应呢？大概不会有人一听到就打起退堂鼓吧。

一般情况下，男性会分析：“她说自己性格不好，那具体不好在哪儿呢？”继而转念又想：“既然她能坦白说出，实际并没有什么不好吧。”

其实，这么想那就大错特错了。她的性格可能真的很差。只是，她并不这么觉得，相反还自以为是优点。

性格是好是坏,并不是绝对的。比如,有人会把“不拘小节”看成是“懒散”，而有人则视它为“大度”。每个人的看法不尽相同。

至于坦白自己性格不好的女性，她只是觉得别人会有这样的看法，自己实则很**满意“性格不好的自己”**。因此，她才会“坦诚”地对别人说:“我性格不好！”相反，如果她果真这么觉得，绝对不会告诉在联谊会上初次见面的人吧？

综上所述，承认自己性格不好的人要么把它当成了口头禅，要么就是非常自恋的人。如果男性决定和这样的女性继续接触，最好要有心理准备。

## 自恋症

按照精神分析的解释，“自恋症”起源于一种源于自卑感的压抑的防御心理。由于不能以正常方式满足成就动机，便采取了封闭的、过度关注自我的外在评价的种种虚幻形式。有时，还会把是否得到他人的关注视为行动的唯一理由。自恋症因其强烈的孤芳自赏的心态，难以与异性接触，因而以独身为多。

喜欢“性格不好的自己”
我的性格不太好！

# 直言自己长胖了的人其实期待否定的回答

“最近都长胖了……”“哎，上年纪了，都有皱纹了。”

我们经常听到有人这么说。他们真是有所感就有所言吗？其实，如果是关乎长相外表的，说的人心境会稍有不同。

那么，为什么他们要直言自己“胖了”或“老了”呢？真实的心理又是什么样的？

如果发现自己胖了，与久未谋面的朋友相见前，心中不免会担心对方作何感想。如果两人都很率真，直言自己胖了也无妨。然而，如果两人关系并不亲密，这位朋友还是装作视而不见的好。否则，长胖的人会一直耿耿于怀：是不是我已经胖得认不出来了？他一定在心里笑话我吧？

有时，**因为不了解对方的感受，担心的一方才会更加忐忑不安**。于是，为了摆脱这种不安情绪的困扰，有人会“先发制人”，坦白让自己不安的事情。

又或者，他的坦白只是希望得到对方否定的回应。其实，即使长胖了，大多数人也会自欺欺人地想：“只是胖了一点，别人应该看不出来。”因而，也期待对方能够回答：“没看出你胖了啊。”这才是他们最想要的安慰。

最近都长
胖了……
不知道别人怎么
看，所以索性自己
先说出来吧。
希望得到“看不出
你胖了”的回答。

# 挑剔是为了得到奉承

几个朋友在一块聊天，大家兴致勃勃地谈论：

“听说前几天他通过了某资格考试，真厉害！”

“真爱学习啊！一直那么用功，我服了！”

每到这种时候，总有人会扫大家的兴：“他是学理的吧，所以通过考试也没什么好稀奇的。况且，那种资格考试也不是特别难。”乍听他这么一说，感觉他很了解。其实，并不尽然。也许他并没什么根据，就是随口一说罢了。

照此分析，他这么说无非是出于嫉妒。大家可能会藉此认为他有一种异常的竞争心理。其实，并非那么简单。实际上，不论和谁说话，他都会采取同样的态度。而且，**只要自己不是谈话的中心，抑或没有得到表扬或关注，他就会不高兴。**

如果你身边恰好有这样的朋友，那真叫人头疼。不过，要注意到的事实是，这类人从小到大都很单纯。只要说句好话，他就会很高兴。因此，如果你能对他“美言相待”，说不定会让他成为你工作上的得力伙伴。

## 赞美要具体

赞美上司，也要有高明的方法。如果能适时、适当地赞美他几句，效果会更好。比如，“您这双皮鞋真有型”、“您的皮鞋和裤子搭配起来真有型，颜色也能突显出您的气质”，以上两句都是赞美上司的话，您觉得哪一句更好呢？当然是第二句，因为它从具体细节进行赞美，而且听起来奉承的意思也不那么露骨。

只要自己不是谈话的中心，抑或没有得到表扬或关注，他就不高兴。
听说前几天他通过了某资格考试，真厉害啊！
他是学理的吧，所以通过考试也没什么好稀奇的。况且，那种资格考试也不是特别难。

## 心里有鬼就会变得唠叨

“前几天交给你的事情怎么样了？进展还顺利吧？”

“嗯，还行吧。那个，经理，听说 A 公司的某某遇到车祸了，好像伤得很重……”

类似这样的对话，我们经常听到。受询问的一方不正面回答，反而立刻转移话题。一般情况下，被问到不愿回答的问题时，这是惯用手段。就像上面的对话，哪里是进展顺利，分明是大幅落后于进度。

因此，如果下属这么回答，身为上司的要明白“原来他不想被问到工作进程”。那么，上司又该作何回应呢？如果事关重大，要直接明了，请他先好好汇报进程。如果不是很紧迫，可以装作没有看穿他的小企图。不过，这样容易让下属觉得你是个“好糊弄的上司”。因此，我建议您这么说：“看你的表情不像是进展顺利的样子啊，要多拿出点精力好好干活呀！”这么一说，下属肯定心知肚明：“果然是经理，一下就看穿了。”不仅如此，下属还会对您更加信赖，而且也知道对您耍小聪明是没用的。

### 三招减少“唠叨”

1.情感招：以情动人，让对方理解自己的难处，进而自觉完成他应做的事情。

2.沉默招：说明对方应该做的事，其他的一概不提。

3.倾听招：倾听对方的想法和难处，以免浪费自己的“口水”。

前几天交给你的事情怎么样了？进展还顺利吧？
不想正面回答
嗯，还行吧。那个，经理，听说A公司的某某遇到车祸了，好像伤得很重……
原来他不想被问到工作进程
看你的表情不像是进展顺利啊，要拿出点精力好好干活啊！
果然是经理啊，一下就看穿了。

## 说“最近忙得连觉都没工夫睡”的人其实是装作很忙

有谁会骄傲地说自己忙到没有时间睡觉呢？

“最近特别忙，都睡不够。”“昨天又加班熬夜了。”这么说时，有人还神情愉悦，这是为什么呢？

其实，他们是在炫耀自己没有睡觉而去工作了。在这类人看来，有工作交给自己，恰恰说明自己很有办事能力。因此，他们才会故意让自己显得很忙碌。实际上，**即使没有忙到要减少睡眠，他们也会夸大其词**。

然而，自己这么想，旁人却未必这么认为。没错，“无私地忘我工作”“全身心投入工作”“宁可不睡觉地加紧工作”会被人认为很高尚。然而，有效利用时间做出成果的人，才是优秀的人才。相反，因为工作都没法睡觉则可能是愚蠢的结果。因此，当一个炫耀“自己没有睡觉是努力工作了”时，旁人可能会猜测“他工作效率不高”“身体可能会垮掉”等等。

当然，工作中难免出现意外状况，并不一定都能按计划进行，所以我们每个人都有可能需要加班加点地工作。然而，真正优秀的人不会拿这个来炫耀，而是默默地付出努力。

### 爱炫耀的人

有这样一类同事，他们喜欢炫耀和上司不同寻常的关系，以此突出自己的身份和作用。心理学上称之为缺乏安全感型人群。他们自认能力上不容易超越别人，因而缺乏自信，不知道该如何立足于自己的团队中。然而，因为其自尊心过于强烈，于是便采取别的方式来突出自己的价值。

忙碌
有工作交给自己
说明自己有办事能力
喜欢能够办事、办事认真的自己
最近特别忙都睡不了觉。
昨天又熬夜了~

## 说“那可是常识”的人没有常识

有时，**很平常的一句话就可能给周围的人造成不愉快**。例如，当别人对自己说的话表示不解时，有人会反驳：“那可是常识啊”。

那么，为什么会造成不愉快呢？我想大概出于以下原因。说“你不知道吗”，其实要表达的意造思是：“我知道，你怎么不知道？”而说“那可是常识”时，则在传达：“世界上的人都知道，你怎么不知道？”后一句比前一句更甚，更加强调了对方的无知。因此，就这样简单的一句话就足以伤害到对方的自尊心。

这里暂且先不讨论造成的伤害有多大。我个人认为经常把“那可是常识”挂嘴上的人才真正没有常识。实际上，把什么定义为常识很困难。100个人中有99个都知道可以认定为常识，但100个人中偶有60个知道该怎么判定呢？况且，对某一个年代的人来说是常识，但对不同年代的人而言也许就不是常识。再者，不同地域的人共有的“常识”也不同。

总之，不假思索就把自己的“常识”强加给对方，会给人造成不愉快。而自以为是地辩驳“那可是常识”的人反倒缺乏常识。因此，当听到“这可是常识”时，不用太在意。

### 别拿批评当发泄

被批评者在接受批评时，可能会产生两种截然不同的感受：一种是很快意识到对方是为自己好，是善意的批评；另一种则是认为对方在找人发泄心中的不快，是恶意的批评。在这两种不同的感受下，人们对批评接受的程度也完全不同。

当你拿起“批评”这个武器时，首先要清楚批评的原因。

这不是常识吗？
世界上的人都知道，你怎么不知道呢？
这是根据什么统计得出的常识啊……你就是喜欢把自己的常识强加给别人，你才是没有常识的人。

## "和你一样就好"是缺乏自信的表现

"吃哪个好呢？这个挺好吃，可是那个也不错啊。你觉得哪个好？"

"我吗？和你吃一样的就好了。"

第一次约会去吃饭，如果女生征求男生的意见时，男生这么答，女生会如何想？要是女生觉得"他是为了我才这么做的"，真有点自作多情的味道。

其实，如此回答的男生大概出于这样的心理：这个比较便宜，可是点这个会让她觉得我是小气鬼。这道菜200块，就算点这个，她也觉得我小气怎么办呢？要不就让她点吧，这样才万无一失……

像这样，点菜时他总是担心对方的反应。不仅如此，他犹豫不绝的态度还会体现在约会的其他场合。

不过，要说明的是，他们不一定是小气鬼。有的男生大概只是没什么约会经验，对如何和女性交往缺乏自信。于是，为了装出很老练的样子，甚至都提前去考察吃饭地点。倘若真像这样严格按照程序办事，就有点小题大做了。

### 排队的心理

人有一种喜欢排队的心理。有些人为了买到演唱会门票或者自己喜欢的商品，不惜排几个小时的队。当然，商品本身具有一定的魅力是必须的。除此之外，长长的队伍本身也具有吸引力。而且，与其他人做一样的事情时，人会产生一种安心感。心理学把这种行为称为"同调行为"。

要是她不爱吃这个菜怎么办？
点哪个好呢？你点哪个？
我吗？和你一样就行了。
菜单
菜单

## 鲶鱼效应

挪威人喜欢吃沙丁鱼，尤其是活鱼，市场上活沙丁鱼的价格也比死鱼高很多。可是，绝大部分沙丁鱼在运输中途就因窒息而死亡。然而，有一条渔船总能让大部分沙丁鱼活着回到渔港。船长严守着秘密，直到他去世，谜底才揭开。原来船长在装满沙丁鱼的鱼槽里放进了一条以鱼为主要食物的鲶鱼。鲶鱼进入鱼槽后，由于环境陌生，便四处游动。而沙丁鱼见了鲶鱼十分紧张，左冲右突，四处躲避，加速游动。这样一来，一条条沙丁鱼便欢蹦乱跳地回到了渔港。这就是著名的“鲶鱼效应”。这个效应如果应用到企业管理中，便是一种员工激励手段，可以改变企业相对一潭死水的状况。

第四章

# 从说话习惯看相处之道

# “这样啊”其实是没兴趣

设想一下你和朋友聊天的场面。你一个人在高谈阔论，朋友则在一旁倾听。当然，他并非一言不发，时不时地会回应一句：“原来如此啊”、“这样啊”。此时，如果因为他有回应，你就继续自顾自地说，那就有些不妥了。

你可能会质疑：“对方有回应，不就说明他一直很有兴致地在听吗？”事实上，绝非如此。他对你的所言可能已经感到厌烦了。

认真倾听时的表现应该与此截然不同。比如，在你说话的间隙，他会问：“然后呢？”抑或，他一直注视着你的眼睛，不时会换个姿势。这些细节都表明他在兴致勃勃地听你说。

然而，如果只是简单地以“原来如此”“这样啊”作回应，说明他已经心不在焉了。内心也许还烦躁不安，一直在煎熬：“这些话要说到什么时候啊”“求你别说了”。可是，**出于礼貌，他不想让你发觉自己的不耐烦，于是只好作出如上反应**。

终上分析，一旦听到“原来如此”“这样啊”这类的回应，正确的做法是停止之前的话题，转而让对方畅所欲言。能够这么做的人一定会让周围的人刮目相看。

### 判断的依据

人在对事物进行判断时的依据主要有表面现象、说话方式和说话内容，各自的占比分别为“表面现象55%、说话方式38%、说话内容7%”。由此可见，表面现象与说话方式对人的影响都很大。如果对方所说的话褒贬不明，对方说话时的表情和说话方式就成了我们判断的基础。

您昨天看电影了吗？
那个电影太精彩了！
我特别喜欢男主角。
简直是硬汉作派……
这样啊……
原来如此……
这些话要说到什么时候啊……
别说了，也该轮我说了。

## 把"绝对"当口头禅的人没有责任感

"我绝对要做出点成绩。"

"绝对没问题，放心吧。"

……

不管面对什么事情，总有人会拍着胸脯，说些"绝对"的话。他们是想借此表达"无论如何都要成功"的决心，这个态度本身没什么不好。

然而，这类人往往只是嘴上说说罢了。虽然他们话里话外决心十足，但有没有自信一定做成就是另一回事了。

"该我做的我一定去做，但实在不行，我也没有办法。"也许，这才是他们内心的真实想法。遇到挫折时，他们甚至会一再退缩："要是还不行，编个理由脱身就好。"换言之就是，他们从一开始就没打算负责任。

可是，他们为什么要夸下海口呢？这其中必然的原因便是**为了引起上司的关注或让喜欢的人注意到自己、进而赢得他们的信任**。又或者，完全是他们想让自己显得很了不起的虚荣心在作怪。

这类人一开始会给人"有活力""充满干劲"的积极印象，但终有一天会露出马脚。也正因为如此，他们在哪里都待不长，跳槽更是家常便饭。

当然，这个世界肯定有人会履行自己的诺言。不过，把"绝对"当口头禅的人肯定不可信。

我绝对要做
出点成绩。
绝对没问题，
放心吧。
我这么说肯
定能吸引注
意力
该我做的我一
定会去做，但
实在不行我也
没有办法。
要是还不行，
我编个理由脱
身就好。

# “坦率地说”显露出的自我表现欲

“坦率地说，这次……”

当下属的听到上司这么说，肯定会忐忑不安，心中还会反复揣测：“怎么突然说起这个？他到底想说什么……”

这个时候，身为下属要做好心理准备，因为“坦率地说”之后十之八九都是批评或责怪。哪有上司会这么夸奖下属：“坦率地说，前一阵的那个计划很有成效。”常常听到的都是“这段时间你太松懈了”,又或者“我对你的工作方式很不满”。

不仅如此，上司这么摊牌时应该已经忍无可忍了:“很早我就注意到了。本以为你能自己改正，就没多说什么。现在，你给我好好听着！”

综上所述，如果上司的谈话以“坦率地说”开头，你不要误以为他只是在发牢骚，而要字字句句都记在心里。顺便要提醒你的是，如果第二天你还“死性不改”，上司估计该拿你开刀了。

此外，有的人把“坦率地说”当成口头禅。比如，“坦率地说，这个菜太难吃了。”“坦率地说，那家伙简直就是个白痴。”像这样，他们发表看法前总是不忘加上一句“坦率地说”。这其中显露出的是一种**自我表现欲**。他们对什么事都能“直率”地表达自己的看法和意见，不正是在**炫耀**自己有一双慧眼、对任何事情都能作出准确判断吗？！

很早我就注意到了。本以为你能自己改正，就没多说什么。现在，我已经忍无可忍了。你给我好好听着！
又在发牢骚。
坦率地说，这次……

# 把“厉害”“可爱”挂在嘴边的人

“**厉害**”和“可爱”都是年轻人中使用频率超高的词。

“厉害”一词的本意是“不可思议”“异常强大”“出类拔萃”等。说话人一般因为受到震撼才使用这个词。可是，现在的年轻人动不动就说：“好厉害啊”。当然，他们并非因为受到震撼，相反只是觉得“看样子还不错”。

“**可爱**”一词的含义不必过多解释。它原本是用来形容小朋友或小动物惹人喜爱的样子，但现在含义有了新的延伸。只要年轻女性乐意，不论是中年大叔还是凶猛的野兽，都可以是“可爱”的。

不过，时至今日，“厉害”和“可爱”这两个词已经不再是年轻人的专属词汇，好多年长的人也开始频繁使用。他们不愿墨守成规，是乐于接受新鲜事物的一类人。相反，不会吸收新鲜词汇的人，就显得有些顽固了。

发表以上观点，并非是我想否定“厉害”和“可爱”两个词的用法。只是，常常把这两个词挂在嘴边的人，会给人**幼稚**的印象。所以，我建议要适当使用这两个词。

### “退行作用”

当人遭遇挫折时，放弃已经习惯的成人方式，而恢复使用早期幼稚的方法回避现实、摆脱痛苦。这在心理学上称为“退行作用”，是人防御外界伤害的一种方式。比如，一个成年人，做错了事后，用吐舌头的方式，表现自己认识到错误，并希望得到宽容。不想长大，也是“退行作用”的一种表现。

好厉害啊！
真可爱啊！
不愿墨守成规，乐于接受新鲜事物。
不容易融入周围，性格中有优柔寡断的一面。

# “真的？”是不想长大的证据

“前段时间出了场事故，我差点就死掉了！”

“真的呀？”

年轻人的惯用语中也包括这个“真的？”这个词的本意是要“认真”核实情况，不过现在又多了“难以置信”的含义。

我们经常会听到类似以下的对话。

“吃了吗？”

“刚吃了碗面。”

“真的？”

本身吃了碗面并没什么难以置信的，对方这么一说倒有点大惊小怪。大概在他们感觉上，“真的”和“嗯”“哦”一样，没有什么特别含义。

年轻人之间聊天时经常会用“真的？”“真的吗？”作为回应，实属平常。可是，有的长辈或上司也会突然冒出一个饱含惊奇语气的“真的”，这就让人有点费解。其中的原因大概是他们**对自己已经成年的认识不够充分**，还学年轻人的语气说话。在潜意识里，他们也许在想：“我可不想沾染社会风气，更不想变成无聊的成年人。”

在工作单位也好，面对谈判的对象或陪同客户时也罢，用“真的？”回应对方的话是无法赢得信任的。而且身为上司，面对下属时更不能这么说话。

哥还很年轻，不想沾染社会风气。哥要保持自己的个性！
真的？！
哥不想变成无聊的成年人。哥和你们都不一样。
这人怎么这么说话啊……都不知道自己老大不小了吗？

# 总推托自己老了是任性的表现

年长的人有时会感慨自己老了，例如以下对话：

“经理，最近不常喝酒了啊？”

“嗯。老了，得稍稍注意点身体了。”

这是发自肺腑的，听者也会认同：“毕竟经理已经五十多岁了！”只是，以下这种情况会让人感叹这么说话好狡猾！

“经理，昨天说的那份文件您带来了吗？”

“啊，对不起，我忘了。真是老了……”

这分明是把过错归咎于年龄。而**拿自己的年龄当挡箭牌，是任性的一种表现**。他的潜台词其实是：“我老了，就原谅我吧！”

随着年龄的增长，人的记忆力一定不如从前，这也是无可奈何的。可是，不管年纪多大都要履行作为经理的职责，这一点毋庸置疑。

顺便要说的是，那些晋升意识强的人绝对不会感叹自己老了。他们更想让别人认为自己心力和体力都很充沛，不会输给任何年轻人。这么看来，把“老了”当口头禅的人其实失去了工作的动力。他们大概只期望退休前没什么大过失就谢天谢地了。

### “合理化”

人是一种非常善于自我保护的动物，把自我辩解应用得得心应手。比如，失败的时候，会给自己找一个最为适合的理由，让自己释然。“这道题那么难，我做不出来是正常的”“我生病了，所以才做不好”等。精英意识强的人，多采用这种方式保护自己。这种保护机制便是“合理化”。

经理，昨天说的那份文件您带来了吗？
啊，对不起，我忘拿了。真是老了……
我老了，就原谅我吧。

## 讲冷笑话是为了引人注目

在单位，总有那么一两个人专爱讲冷笑话，来逗大家发笑。可是，他们为什么喜欢这样呢？

有的人只是单纯想逗别人开心，制造一种轻松的气氛。有的人则出于更深层的原因，那就是想**与众不同、想引人注目**。

后一类人虽不至被同事领导冷落，但一直成绩平平，难有大的成功。他们在公司的存在感薄弱，自己也深感危机。也正因为如此，他们才希望通过讲笑话来获得别人的关注。

然而，遗憾的是，这么做只是竹篮打水一场空。周围的人发笑后，只是冷冷地觉得："有讲笑话的时间，还不如用在工作上。"从这个角度来看，靠讲笑话来引人注目的人，其实是"感受不到气氛"的人。

### 反向行为

"反向行为"，也是我们自我保护的一种心理现象。对于自己喜欢的人态度冷淡，而对于自己讨厌的人却非常热情。这种采取与意识相反的行为，就是反向行为。反向行为的出现，是由于内心汹涌澎湃的感情或冲动难以被他人所接受，于是为了抑制它而形成与之相反的行为。

搞笑吧?
超搞吧?
哈哈！
真好笑！
呵呵！
对啊！
没错！你猜对了！
我听了都笑喷了！
我都佩服我自己！
嘿嘿！
没治了！
怎么样?
想与众不同、想引人注目

# “没什么”其实是欲言又止

不知该如何回答时，有人会敷衍一句“没什么”。比如下面这种情况。

“今天考得怎么样？”

“没什么……”（或“没怎么样……”）

这是孩子敷衍家长时的惯用招数，有时大人也如此。比如，恋人之间吵架时，一方只用“没什么”来回应。收到这样回应的一方会不知所措，而且有过类似经历的人应该不在少数。

自不必说，**“没什么”的潜台词是“我不想回答”或者“回答你我嫌麻烦”**。这其中有两个方面的原因。

首先，对于模棱两可的事情，无法明确回答。一句“没什么”，既让对方困惑不解，也说明自己并未考虑清楚。这种毫无实际意义的回答只会让对方感到不安。

其次，想说但又不愿意说，很纠结。自己想一吐为快，可是又担心即使说了对方也不理解，而且还会招来麻烦。于是，干脆用“没什么”敷衍过去。

不论出于哪种原因，我都不建议听的人打破沙锅问到底。就算质问：“没什么是什么意思，我不明白，你给我说个清楚。”也得不到想要的答案。其实，随着时间的推移，人的心情会发生变化。还是先静观其变，等他愿意开口时自然就说了。

怎么突然就不说话了？
没什么！
有什么不开心的事吗？
没什么！
怎么生气了？
没什么！
没什么是什么意思，给我说清楚！
反正我和你说了你也不懂！

# 辩解的常用词“但是”和“不是”

认识到自己错了，人一般都会说句“对不起”，以表示歉意。可是，有很多人从不会道歉，而是直接开始辩解。我并不是说辩解一定不对，但至少要在道歉之后。

爱辩解的人有两个常用词，那就是“但是”和“不是”，比如：

“我确实迟到了，但是我很忙啊。”

“不是，您不是说不让我……您也有不对的地方啊……”

听的一方估计会感到很崩溃。而这么辩解的人大概从小就用“但是”和“可是”作搪塞度过了很多“难关”。不论对家长、老师还是朋友，这都是他们辩解时的惯用招数。和恋人出现争吵时，他们也习惯性地以为只要辩解几句“但是……”，就可以万事大吉了。

然而，在工作场合，或者扩大到在社会这个大舞台，如果还以为这招可以走遍天下都不怕就大错特错了。**用“但是”和“可是”辩解只会让对方认为你是既不愿承认错误也不愿承担责任的人。**

此外，这样的人也常被看成是公私不分、极为幼稚的人。

### “压抑”

压抑是最基本的心理防御机制。对于不能接受、具有威胁性、引起痛苦的经历，人会有意识地压抑到潜意识中去，以免再出现焦虑或痛苦。换言之，就是采用“动机性的遗忘”。例如，人们常会说“我真希望没这回事”“我不要再想它了”。

出人意料的是，越是成熟、有修养的人，压抑作用越好。

我确实迟到了，但是我很忙嘛。
不是，您不是不让我……您也有不对的地方啊……
公私不分！还真是个幼稚的家伙。

# 总说“站在别人的立场想想”的人其实很自私

有的家长从小就教育孩子，要他们凡事不能只考虑自己，而应多站在别人的立场上思考问题。这也是人际交往中的基本原则。遵守于否暂且不论，起码这是大家都知道的道理。

不过，现在常有人这么说：

“我都忙得不可开交了，根本没工夫做别的。你也设身处地替别人想想。”

“我对你已经没有感觉了，你要再这么纠缠下去还有意思吗？你能设身处地替别人想想吗？”

这些所谓“设身处地替别人想想”的话已经完全背离了它的本意。想必大家都明白，这里的“别人”指的正是说话人自己。那么，也就是等于在说：**“请站在我的立场上替我想想”**。因此，说话人貌似在强调站在别人的立场思考问题的重要性，实则却将话题转向了对自己有利的方向。

试想一下，有哪个成年人会单纯告诉另一个成年人“设身处地替别人想想很重要”。即使是喜欢说教的人，也大概因为道理太过平常，说出来前也会犹豫一番。

综上分析，可以知道经常把这句话挂在嘴上的人实则是个自私自利的人。

我都忙得不可开交了，根本没功夫做别的。你也设身处地替我想想。
我都忙得不可开交了，根本没功夫做别的。你也设身处地替别人想想。

# “没办法啊”说明背后另有隐情

有人做错了事，一直担心向上司道歉时肯定会被训斥。可是，没曾想上司一反常态，只是简单说了句“这也是没办法啊”，就算了事。虽然没挨训总算松了口气，可身为下属还是忍不住会猜测：“经理今天没吃错药吧？他不会突然就这么善解人意吧？莫非……”

经理确实有可能因为人逢喜事精神爽就不追究下属的过错。可是，也存在另外一种可能。说得直接一点，那就是他也“有愧于心”。也许是他爽约了，又或者弄丢了和下属借来的东西。他自己正想和下属说对不起，因此也就不会因为过错而责怪下属，态度自然也不会如平常那般生硬。

由此分析，下属现在就认定上司不会因为过错惩罚自己，还为时过早。那么，上司是准备继续保持沉默，还是等合适时机说明，这个很难推测。最好在他的态度比较奇怪，比如故意疏远你时，委婉地询问一下他的真实想法。

顺便说一下，类似的事情也可能发生在恋人或夫妻之间。当你为失约道歉，而对方却无所谓地回答“那也没办法啊”或者“没什么”时，就要引起注意了。这背后必定有什么隐情。

经理，您昨天托我办的事情，今天大概完不成了，对不起……
啊……糟了！明天可就是截止日了！这件事可没有办好啊……
啊，那也没办法啊。

# 自私的人总用“……不是很好吗？”来强加于人

每年都会有很多新词汇诞生，而语言也随时代的变化而不断更新。人们说话的方式也一样。对此，我不想作过多评价，但总有一些说话方式让我感觉很别扭，例如年轻女性在句尾多用上扬的语气就是其一。

以前，句尾语气上扬一般都表示疑问。然而，到了现在，却发生了实质性的变化。“……不是很好吗？”**似乎是在征求对方的意见，但因语调的不同给人一种不容分说的感觉**。

因此，说“某某生气了不是很可怕吗？”其实有想让人认同的意思。不仅如此，有人还会这么评价自己：“我不是很优柔寡断吗？”这句话的潜台词其实是“你也知道我有的时候就是很优柔寡断”。如果不是相当亲近的人，还真是无法理解到这一层意思。不过，即便如此，这类人对初次见面的人也不加顾忌，就好像对对方说：“你知道我的事情也是很正常的。”可以说，这类人比较任性，爱强加于人，或者说很自私。也正因为如此，他们很难让自己融入周围人的圈子。

### 投射效应

所谓投射效应，指以己度人，认为自己具有某种特性，他人也一定会有相同或相似的特性，以致经常把自己的感情、意志投射到他人身上。简单来说，就是强加于人。在日常生活中，投射效应非常常见。比如，自己喜欢的人，以为别人也喜欢。“以小人之心度君子之腹”也是一种典型的投射效应。

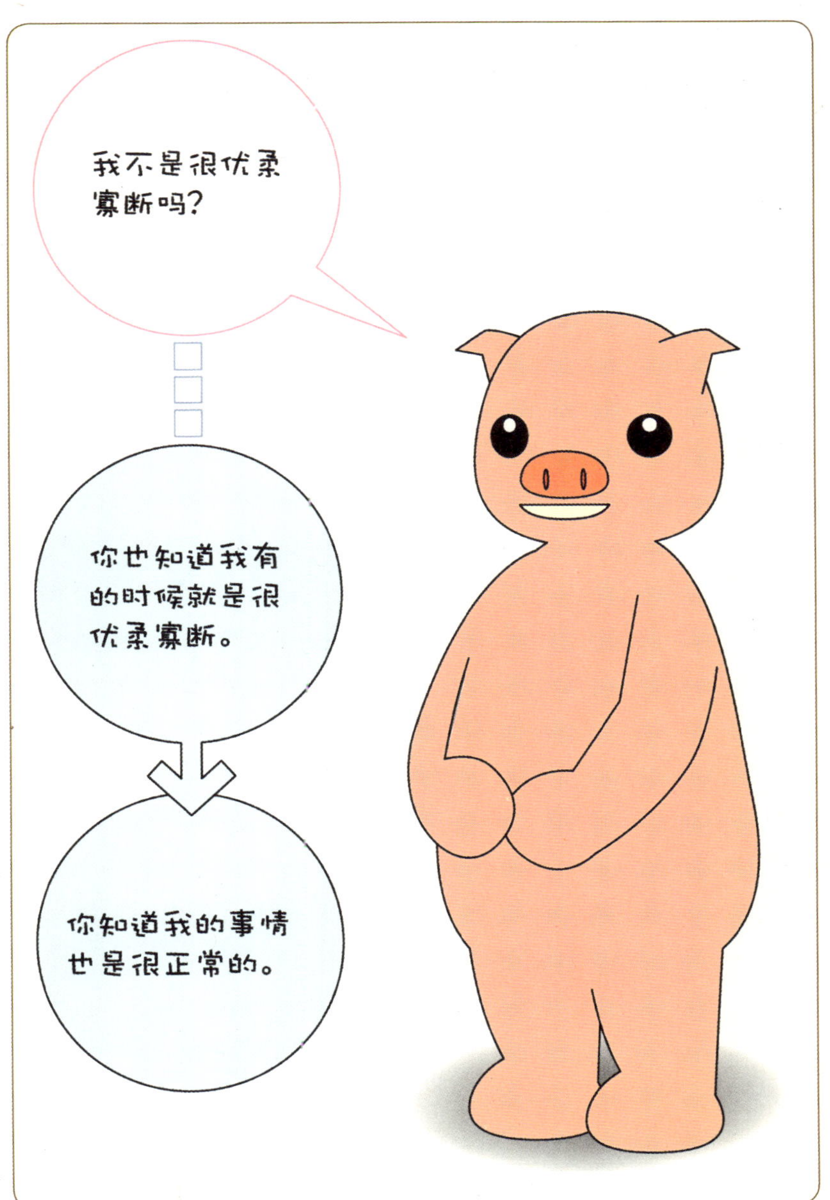
我不是很优柔寡断吗？
你也知道我有的时候就是很优柔寡断。
你知道我的事情也是很正常的。

## 不安和担心的时候就会自言自语

"我感觉你经常自言自语。"

如果有人这么评价自己，几乎所有人都会反问："没有吧！"也许，当着别人的面自言自语的情况不曾有过，但一个人在家时，会惊奇地发现——自己确实经常会自言自语。

那么，人在什么情况下会自言自语呢？首先，**有的事情必须完成但着手时却发现麻烦重重**。于是，为了鼓足干劲，便对自己说"好了，要干活了"或者"加油，加油"。有人甚至还会说出事情的先后顺序，比如"先收拾房间，再准备晚饭"。

其次，人在**不安和担心**时也容易自言自语。比如，家庭主妇在家等候丈夫或孩子回家时，会碎碎念："真是的，说好十点回来的，又不知道干吗去了……"这么说，其实是为了缓解自己"万一出事了怎么办"的担心。此外，在高兴或悲伤的两重天时，人也会不禁自言自语。

有的人周围并没有他人，却连续十几分钟说个不停，这种情况就要另当他说了。

### "置换"

将压抑的感情向其他对象发泄的行为，在心理学上称为"置换"。这是人们心情不好时，常常会不自觉采用的一种心理防御机制。比如，老师批评了自己，会对老师心怀不满，但不会向老师本人发泄，而是发泄到对自己没那么强硬的人身上，比如妈妈等。实际上，人很容易迁怒于最亲近、最信任的人。

自言自语的功效
必胜
加油，
加油！
通过自言自语给
自己鼓劲
已经迟到一
小时了
难不成出事了？
缓解不安和担心

## 有趣的“反暗示”

所谓反暗示，是指暗示者发出的刺激引起受暗示者相反的反应。反暗示有个特别重要的作用，那就是充分刺激他人的好奇心，正如以下这个笑话所讲。英国有一个灯泡生产厂商在灯泡上标明“不要把灯泡放到嘴里”，原本的目的是为了提醒用户避免小孩子把灯泡放到嘴里。可是，效果恰恰相反：小孩子没有把灯泡放到嘴里，倒是有一个好奇心太重的大人把灯泡放到嘴里，想一探究竟。结果，灯泡拔不出来了，只好叫辆出租车去医院。路上他就不免被出租车司机嘲笑，说他嘴巴这么小，还想把灯泡放到嘴里去，嘴巴大的人才行。等到他从医院出来时，碰到了一个人，禁不住乐了。原来这个人就是刚才送他到医院来的司机，他嘴里正痛苦地含着一只灯泡呢！

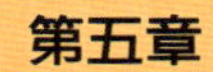

第五章

# 不同的借口展现出的性格

## 人在找理由时暴露自己的性格

上司指出下属提交的文件不合要求时，下属一般都会做出辩解。那么，如果你是这位下属，会采用以下哪种辩解方式：

1.“对不起！可是我是照样本格式做出来的。”

2.“是我一时大意，真对不起。”

3.“嗯？错了吗？好奇怪！”

实际上，这是一个性格测试。通过人在辩解时所找的理由，可以判断一个人的性格。

采用第一种辩解方式的人，习惯将责任归咎于他人或埋怨客观情况，属于“**外罚型**”。比如，“我把这件事情交给了某某，可那个家伙还没做完就扔在一边。”如此推脱责任的都属于“外罚型”。这类人平常喜欢阿谀奉承，需要背负责任时很自然地就说出背叛朋友的话。所以，讨厌他们的人不在少数。

采用第二种辩解方式的人刚好相反，会主动承担责任，属于“**内罚型**”。即使别人有过失，他们也会独揽责任。正因为如此，这类人容易产生压力，也容易变得沮丧。虽然周围人都觉得他们是“老好人”，但由于做事过于认真，常常令人敬而远之。

采用第三种辩解方式的人则属于“**无罚型**”。他们不会把责任归咎于任何人，终日一副懒洋洋的态度，工作起来也毫无动力。他们讨厌和别人竞争，总是按照自己的步调办事，不求无功，但求无过。由于他们对工作的热情度不高，在公司得到的评价不高。

外罚型
对不起，
我把工作交给了某某来做，可他居然没做完就扔在了一边。

内罚型
对不起，我一不小心没有看到。真对不起。

无罚型
嗯？错了吗？好奇怪！

## “本来是想那样做的”其实是不以为然

“已经逾期三天了，再不交可就不行了。”

“啊，对不起。我本来打算今天交的。”

我们常常听到“本来……”这样的借口。说话人虽然承认过错在自己，但却没有承担责任的意思。这和之前提到的“内罚型”的人存在明显不同。

**习惯以“本来……”为借口的人自尊心很强。**每当上司批评“工作进展得太慢”时，他们都拒不承认。他们绝不会坦白“自己做不了”，而是辩解“只是进程稍稍有点拖延”。

类似的情况还有很多。上司看过报告后指出：“这里要是这样一改就好了。”他们虽然心里认可，但嘴上仍辩驳：“我本来是想那么写的。”由此可以看出，这类人不仅不喜欢别人对自己的事情多加评论，更不会认真听取别人的意见。即便如此，面对上司，他们还没有勇气直接反驳。于是，只能口是心非地辩解：“我本来是想那么做的。”

每个人都是在“失败”和“反省”的反复的中获得成长的。然而，这类人却习惯于逃避。此外，虽然从上司的角度看，这类下属很让人头疼，可他们心里也有脆弱的地方。所以有时，对他们最好还是不要太过苛求。

### 门槛效应

一下向别人提出一个较大的要求，一般很难接受。如果逐步提出要求，情况会不同。人们都有保持形象一致的愿望，不希望被看作喜怒无常的人。因而，接受了第一个小要求后、面对第二个要求时，就比较难拒绝了。于是，登门槛效应发生作用：一只脚都进去了，又何必在乎整个身子都进去呢！

我做不了
啊，对不起。我本来是想做好的，可是我想先把明天会议的资料准备好再说。只是稍稍晚了一点嘛。
已经逾期三天了，再不交可就不行了。

## 以“平常应该……样”为理由的人

“晚十分钟不是常有的事吗？”有的人明明迟到了却还这么振振有词，有时甚至还会强词夺理：“在国外迟到一个小时也没什么稀奇的。”

还有的人自己在外拈花惹草，面对别人的指责时却理直气壮地辩解：“谁年轻的时候还没有过一两回风流事？”

像这样，他们是在**用所谓的“世界的常识和惯例”作借口为自己开脱。**可是，这么说的人自己到底有没有常识，我看全然不是这么一回事。相反，倒不如说他们只是标榜符合自己的“常识”，而且完全以自我为中心，并试图蒙蔽对方。

与之相反，有的人则**通过否定“常识”来为自己开脱。**有时，如果承认某件事会对自己不利，他们就会极力否定，就好像这件事从来没有发生过一样。这在心理学上被称为“认知失调”，而且很多人就是在这种心理作用下为自己开脱的。再比如，有的烟鬼为了让周围人接受自己吸烟，会这么辩解：“吸烟是有害健康，可是无法忍受的压力对我危害更大。”

### 乐队车效应

哪一方有获胜把握，就支持哪一方。这种行为在心理学上称为“乐队车效应”。“乐队车”即在游行中开在最前面、载着乐队演奏音乐的汽车。乐队演奏的音乐使人情绪激昂，不自觉地就想跟在车后面参加游行。这种心理效应在政治家中非常普遍，一般人中也有不少存在这样的心理。

在意大利，吃顿午饭还要两个小时呢！
有什么大不了的。这不是很
正常
吗？
这两者之间有关系吗？

# “我是为你着想”只能算作牢骚话

“我是为你着想才这么说……”

有的上司教训下属时总爱用这句“开场白”。原本就是要教训下属的，所以这句话纯属多余。

那么，为什么上司偏偏要这么开头呢？原因有两点。首先，**强调自己的一番训话出于为下属着想**。其实，潜台词是在说：“所以你得感谢我。”其次，**让下属觉得自己是通情达理的领导**。即便明知自己爱说教、总遭下属讨厌，还是会借“为你着想我才这么说”表明“我本来不想说教”这层含义。

另外，还有一类人办事不利时会如此辩解：“真对不起，可是我是为经理您着想才这么做的。”这么一说其实是把部分责任推到对方身上，希望借此得到他的原谅。他们真实的想法其实是：“这也是为你着想才造成的结果，你也有一半责任。所以这次就原谅我吧。”与其说是借口，这个更像是发牢骚。由此来看，这样的人性格上也比较懦弱。

### Underdog效应

与“乐队车效应”相反，也称支持弱者效应。对于与自己无直接关系的事情，多会产生“Underdog效应”，即支持弱者或落后者。比如，观看高中生棒球比赛的时候，观众多会为落后的队伍加油，因为棒球比赛的输赢对自己没有什么影响。

我是为你着想
才这么说……
所以你得感
谢我！

真对不起。可
是，我是为前
辈您着想才这
么做的啊！
我可没有期望从中得
到什么。不过，这也
是为您着想才造成的
结果，您也有一半责
任。所以这次就原谅
我吧！

## “我没打算找借口”的本意

“全都是我的错，真对不起。”

有人突然这么承认错误，自己会忍不住想说：“好了好了，我知道了，快别内疚了。”由此看来，不找任何借口、只是一个劲儿地道歉比较容易让人接受。

可是，如果换一种表达方式，听的人想法会截然不同。

“我没打算找借口……真是对不起……”

道歉的人虽然也表示不会找借口，但这么一说反倒让人觉得没有道歉的诚意。他的潜台词其实是：“这并不全是我的错，我有话要说。可是，一旦辩解，又显得我很不老实。而且以后还要打交道，这次就算了。”

倘若遇到能言善辩的人，听了后恐怕会说：“什么叫没有这个打算？有什么想法就直说，不要绕弯子！”

综上分析，**“没打算找借口的人”其实不会老老实实地道歉，**而且明明知道道个歉就好了，非要多说一两句。结果，常常是搬起石头砸了自己的脚。如果自己恰好也是这类人，就该好好反省一番了。

### 林格曼效应

在地铁中或马路上见到有困难的老人，其实每个人心里都想去帮他们一把。可是，真正采取行动的人却很少。这其中有一个心理原因，那就是当周围有很多人时，我们心里会想：“即使我们不去帮助他，也应该有人会出手相助”。这其实是一种依赖别人的想法。在心理学上，这种现象被称为“林格曼效应”。

这并不全是我的错，我有话要说。可是，一旦辩解，又显得我很不老实，而且以后还要打交道……
我没打算找借口……真的对不起……
什么叫没有这个打算？有什么想法就直说，不要绕弯子！

## 靠说好话想要逃离窘境的人

"某某就会说好话。"

假如听到同事或下属这么说自己，你会作何感想？我想至少不会有人觉得沾沾自喜吧。

想得到别人的认可应该用实力说话，阿谀奉承是不光彩的。可是，也不能一概否定"**说好话**"就不对。有时，这也不失为一种和对方和谐相处、构筑良好人际关系的好方法。不过，这里要注意一个"度"的问题。要是被人说成"马屁精"的话就比较难堪了。

有人在上司指出自己的错误时，总想着先说几句好话就摆脱窘境。比如以下这种情况：

"果然逃不出经理的法眼。我当时就想经理会觉得哪儿不好呢？大概就是这里吧……我马上照您说的改正。"

这么说话，就算上司觉察到下属的用意，也会有个好心情，当然更不会发火了。这种引起对方好感的行为在心理学上称为"**迎合**"。

只是，性格刚正的人大概不会这样迎合上司。从这个角度看，常靠这种方式逃离窘境的人可以说深谙溜须拍马之道。

### 巴纳姆效应

每个人都很容易相信一个笼统的、一般性的人格描述特别适合他，这便是巴纳姆效应。事实上，这些描述十分模糊普遍，以致于在很多人身上都很灵验。这个效应是以一位著名魔术师的名字命名的。他说自己的节目之所以受欢迎是因为包含了每个人都喜欢的成分，所以每一分钟都有人上当受骗。

说好话就是
让对方有好心情，平息他的怒火。
迎合
果然逃不出经理的法眼。不愧是经理啊，我这就照办。
很荣幸得到经理您的认可，我要好好努力了！
您可真是我的贵人啊！

# 强调不利条件为失败找好借口的人

一般而言，人在失败或犯错之后才会找借口为自己辩解。可是，有的人在做事之前就急于找借口。比如，打高尔夫球时，有人还未挥出第一杆就讲："昨天晚上喝得太晚了""最近一直疏于练习"等等。

这类人本身对自己的球技缺乏自信，总在担心要是打得不够远、抑或都没打中球该这么办。于是，便提前向大家声明自己"今天状态不好"，这也是在暗示对手"就算没打中球也不要笑话我"。这种现象在心理学上被称为"**自我设障**"，即自己给自己设置一个障碍，并把它**当作失败的借口**。

再比如，参加考试时，如果全因学习能力差不及格，自己会特有挫败感。可是，如果把考试不及格的原因归结为"忙得没时间学习"或者"身体一直不适"等外因，这种挫败感就会大大减轻。于是，有人会提前为考试不及格作铺垫，其中极端一点的例子便是找各种理由逃课。有过这样经历的应该大有人在。

## 超限效应

超限效应是指刺激过多、过强或作用时间过久，从而引起极不耐烦或逆反的心理现象，源于美国著名作家马克·吐温的故事。有一次，他在教堂听牧师演讲。最初，他觉得牧师讲得很好，准备捐款。过了十分钟，牧师没有讲完，他有些不耐烦了，决定只捐一些零钱。又过了十分钟，牧师还没有讲完，于是决定一分钱也不捐。等到牧师终于结束了冗长的演讲，他出于气愤，不仅未捐钱，还从盘子里偷了两元钱。

最近很忙，
一直疏于
练习。
本意
可能会打空啊。
但是你们别取
笑我。别以为
我不会打。

## 无视不利的条件

一天之内必须去拜访三位顾客，其中A公司和B公司的都是老客户，没有任何问题，但C公司的客户和自己有矛盾，登门拜访可能会面临激烈的冲突。那么，如果是你，会如何安排这三次拜访的先后次序呢？

恐怕头一个就去拜访C公司的人比较少。大部分人应该都会选择“先去A公司和B公司，然后再想想去不去C公司”。

一想到C公司的事情就头大，这种感觉很痛苦，可这种压抑感总也挥之不去。于是，大部分人宁可先把C公司的事抛在一边。

让自己不愉快的事情、对自己不利的情况都是导致**压力和沮丧**的原因。这种情绪的加剧可能会导致精神上的崩溃。因此，人不自觉地会把这种不愉快的情绪或不喜欢的记忆从大脑中清除、又或者将它“封存”起来，从而达到“**自我防卫**”的目的。

不过，有的人会想：“反正怎么都逃不掉，索性先把讨厌的事情处理掉。”可以说这么考虑问题的人勇于面对困难和挑战，因此会选择先去拜访C公司。

### 破窗效应

一座大厦有一个窗子的玻璃破了，如果一直没有修理，周围的人就会觉得这座大厦没人管理。慢慢地，大厦墙面的涂鸦多了起来，内部也荒废了。这种环境对人心理造成暗示性或诱导性影响的现象，被称为破窗效应。这个效应也告诉我们，对于轻微的犯罪置之不理，可能会导致犯罪行为的泛滥。

A公司
B公司
麻烦
不愉快
C公司
麻烦
不愉快
麻烦
让自己不愉快的事情、对自己不利的情况＝压力和沮丧的原因
从自己大脑里清除，或不由自主地将它“封存”起来
自我防卫

## 惋惜失败只是自我安慰

《伊索寓言》里有这么一个故事：一只狐狸看到成熟的葡萄垂涎欲滴，可是它想尽办法也够不着。失望之余，它自言自语："那些葡萄肯定是酸的"，之后便悻悻而去。

这个故事讲的现象在心理学上被称为"**合理化**"。所谓"合理化"是指想做的事情未能所愿时，为了弥补欲求不满，人会用对自己有利的理由来**自我安慰**。没有吃到葡萄本来就很懊恼，可是如果一直惋惜为什么吃不到，失望的情绪会渐渐高涨。于是，便自欺欺人说"反正葡萄是酸的"，从而借此使自己得到宽慰。

其实，无论是谁得不到想要的东西时都会有意无意地这么安慰自己。比如，某男性很喜欢一位女性，可是用尽各种方法都没赢得她的芳心。这时，他也许会这样宽慰自己："她那么任性，就算交往了也不会长久"。再比如，和一个公司洽谈很久都没能签订合约，这时人又会自我安慰："那个公司也没什么前途，不签约未尝不是一件好事。"

此外，通过这样一种"**惋惜失败**"的方式，可以让人从心里释怀，放下这件事，然后迈出下一步。从这个角度看，惋惜失败或者说吃不到葡萄说葡萄酸也有其积极的意义。

没有签订
合约……
那个公司也没
什么前途，不
签约未尝不是
一件好事。
从明天开始
继续努力！

# 光环效应的神奇力量

有一些中年男子看似很普通，其实身份不凡。当人们惊奇地得知他们是某公司的董事长或 CEO 时，便立即刮目相看。

这种现象在心理学上被称为“**光环效应**”，即对方良好的家庭背景、高学历或高头衔等会**影响我们做出好的推测**，而且对个人品格、性格和能力等的评价也往往高于对方的实际情况。有时，我们会莫名觉得穿名牌或昂贵衣服的人就拥有高品味，这同样是因为受到光环效应的影响。

不过，如果利用光环效应来骗人就属于诈骗了。有些图谋不轨的男子试图以光鲜的外表欺骗急于结婚的女性就是典型的案例。

此外，光环效应对“负荆请罪”也是很有帮助的。犯了错必须道歉时，可以换上自己最正式的一套衣服。这样不仅能改变对方对你的印象，还能让他感受到你的诚意。

光环效应的应用还不止以上这些。又比如，公司有一位出身显赫的人物或无人不知的高材生，有同事出去谈判时一定希望邀他同往。有他的同行，不仅会使同事面上有光，还可以提升公司的形象。而且，向对方介绍此人时，虽然只需只言片语，但就能使对方立刻感慨：“贵公司居然有这么厉害的员工啊！”

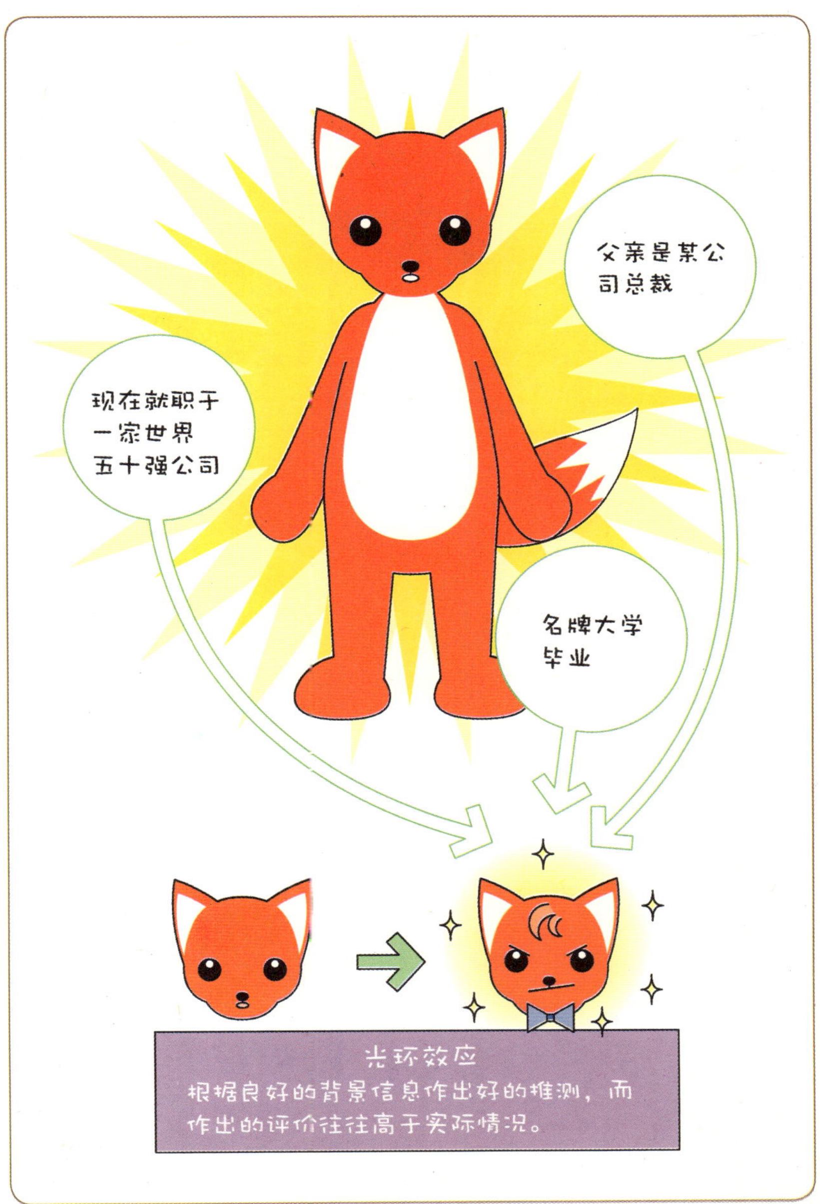
父亲是某公司总裁
现在就职于一家世界五十强公司
名牌大学毕业
光环效应
根据良好的背景信息作出好的推测，而作出的评价往往高于实际情况。

## 狐假虎威不是总奏效

如果说通过展露自己的“光环”来说服别人，利用的是“光环效应”。那么利用他人的“光环”来为自己“撑腰”，借用的就是“荣耀效果”。

所谓“**荣耀效果**”，即借用他人的光环来提升自己。比如，“我和韩寒是一个中学的”“我昨天在街上看到了王菲，厉害吧？”等等。其实，这些都和自己毫不相干，却拿来炫耀，这大概是这类人**寻找优越感**的一种方式。

那么，这类人又是如何利用荣耀效果为自己找借口的呢？接下来举例来说明。

“他居然批评我的报告。可是，经常在电视台出镜的某经济学家也这么说过。而且我们的表述几乎没有出入。”

虽说这位经济学家很有可能把自己发表过的言论写成报告，但我们暂且先不追究事实是否如他所说。不过，可以肯定的是，他想借用名人来肯定自己报告的价值。

这种情况明显是在“狐假虎威”，是一种耍小聪明的做法。不过，它只对那些畏惧权威的人奏效。另有一类人则对这种做法嗤之以鼻，而且一眼就可以看穿说话人的用意所在。

他居然批评我的报告。可是，经常在电视台出镜的某经济学家也这么说。而且我们的表述几乎没有出入。
借用名人来肯定自己报告的价值。

## 笑的调节作用

人际关系中最不可缺少的调节就是“笑”。两个人关系紧张时，可以一笑泯恩仇。不仅如此，接近、对视和微笑都是与他人增加亲密度的有效方式。

此外，爱笑的人有很强的亲近欲求，即想和他人在一起、想和他人交流感情的愿望强烈。也正因为如此，他们的生活相对比较舒适。相反，不爱笑的人整天都显得紧张兮兮的。

不过，**犯错时发笑恐怕只会雪上加霜**。比如，因为一个人的过失可能导致公司失去一位重要客户，而在商讨今后的对策时，当事人却突然冒出一句冷笑话。此时，恐怕会当即受到领导的训斥：“大家在进行这么严肃的讨论，可你都在想些什么东西？”

然而，倘若**不是那么严肃的场合，倒可以通过笑调节一下气氛**。认真向对方道歉、而对方也敞开心扉抛出所有的牢骚时，犯错的人可以试着开一句玩笑。这样一来，对方可能因为心生一阵轻松就不计前嫌。他也许会想：“谁让你是这么大条的一个人，就原谅你好了，我也没什么好生气的了。”

另外，有一种人犯错时总爱嬉皮笑脸的，可是有的事情并不是嘻嘻哈哈就能蒙混过关的。遇到这种情况，最重要的是给对方制造一个能开玩笑的轻松气氛，进而让对方高兴着原谅犯错的人。

今天早晨风很大，我表面积又太大，怎么也走不动啊……不过我现在总算来了。
啊，迟到了，不好意思，不好意思！
这样啊……以后可别迟到了啊！
什么啊，一点想生气的感觉都没有了！

## 甜柠檬效应

有只狐狸原想找些可口的食物，可四处都寻觅不到，最后只找到一只酸柠檬。这实在是一件不得已而为之的事，但它却说：“这柠檬是甜的，正是我想吃的。”这种只能得到柠檬就说柠檬是甜的自我安慰现象，在心理学上被称为甜柠檬效应。其目的是为了变恶性刺激为良性刺激，以达自我心理平衡，免去苦恼与痛苦。这与“酸葡萄效应”一样，都是以某种“合理化”的理由来解释自己追求目标失败的原因，其差异只在于“酸葡萄”是丑化得不到的东西，而“甜柠檬”则是美化得到的东西。有时，这种效应真的起到了宽慰自己、接纳自己、承认现实、自得其乐的作用，相比垂头丧气、痛不欲生、埋怨他人、与人对抗要好很多。

第六章

# 心理测验

# 1. 通过辩解时的说辞来了解本性

出现以下各种情况时，看看你周围的人是如何辩解的。

**1. 和客户的重要会面迟到，被上司狠狠训了一顿。**

① 对不起……可是，刚要出门，就接到某公司总经理打来的电话。事情紧急，一时也没法挂断电话……

② 对不起……路上堵得实在太厉害了……

③ 对不起……要出门的时候突然来了一个电话……

**2. 上司要你写一份报告。将报告提交后，上司指出其中的数据有误。**

① 好像原始数据就不对。

② 对不起。是我一不小心出现了笔误，非常抱歉。

③ 啊，是吗？我立马改正。

**3. 无意中听到恋人或关系不错的同事在小声议论你："真想不到他居然是这样的人，真让人失望。"此时，你会怎么回应：**

① 你这么看我才有问题，难道不是吗？

② 没错。我就是这样的人，我自己也这么觉得。

③ 你不觉得谁都有判断失误的时候吗？！

**4. 因为下属或新同事的过错被上司斥责。**

① 都怪我放松了警惕，是我的失职。可是，我也觉得很棘手……

② 因为我领导能力不够，给您添麻烦了。

③ 我今后一定注意，这次确实太大意了。

**5. 和朋友或同事喝酒时，抱怨工作辛苦。其中有人安慰道："真不容易！"对此，你会说：**

① 我们头儿也聪明不到哪儿去，所以只能累哈哈的。

② 我也不想自己这么没本事。

③ 这世道在哪儿都差不多。

## 诊断

这是个检验一个人如何应对外界压力的测试。通过这个测试，可以了解对方的性格。所有的题目，选①得5分，选②扣去5分，选③不得分。请计算出最后的总分。

| 1 | 2 | 3 | 4 | 5 | 总分 |
|---|---|---|---|---|---|
| | | | | | |

20 分以上

没有忍耐力，还保留有儿童般的攻击性。很容易感到不满和焦虑，而且经常将过错归咎于他人。这类人从小娇生惯养，现在仍然不适应社会，经常给周围人造成不愉快。

10 ~ 15 分

虽然一直是大家公认的乐天派，但实际遇到逆境时的抗压能力并不强。属于通过将责任归咎于他人来发泄不满、遇到不安就会逃离的类型。也正因为这类人和平常的表现落差较大，周围人大多会认为他属于“抗压能力不强”的类型，而他们自我保护的借口也是信手拈来。

5 ~ – 5 分

不会怨天尤人，能够处理好各类事情。属于给人安全感的类型。只是，他们缺乏领导力和专业能力，不太引人注意。

– 10 ~ – 15 分

责任感强，善于处理各种问题。如果是自己可以解决的，也会适当借用他人的力量。很少辩解，适合管理工作。

– 20 分以下

无论如何都会自己亲力亲为的人。周围人会评价他为“责任感强的人”，而这对他并不重要。因为总想自己解决问题，他们背负的压力很大，而且常常无法发泄。他们经常会闷闷不乐，精神状态不佳的状况时有，甚至有可能被逼到绝境。

## 2. 发现冷酷外表下承担的压力

以你想了解的身边的某个人为对象，看看以下 30 个选项中，他（她）符合多少个。

- ☐ 1. 妻子或丈夫刚刚去世。
- ☐ 2. 家里有人身患重病。
- ☐ 3. 他（她）刚离婚不久。
- ☐ 4. 现在正在分居。
- ☐ 5. 新增了一位家庭成员。
- ☐ 6. 孩子总是逃课。
- ☐ 7. 孩子自立了，开始独自生活。
- ☐ 8. 夫妻之间总是互相埋怨。
- ☐ 9. 最近喜迁新居。
- ☐ 10. 和家人意见不合。
- ☐ 11. 要偿还高额贷款。
- ☐ 12. 单去上班就要花一个半小时以上。
- ☐ 13. 工作太过繁重。
- ☐ 14. 频繁加班，休息日也常常要出差，不得清闲。
- ☐ 15. 工作中接到事关公司前途的大项目。
- ☐ 16. 职位高升，责任也加重了。
- ☐ 17. 面临工作调动或职务变动。
- ☐ 18. 经常说上司坏话。

- □ 19. 迟到早退现象增多。
- □ 20. 犯了很明显的错误。
- □ 21. 和客户产生矛盾。
- □ 22. 在单位被同事孤立。
- □ 23. 公司业绩下滑。
- □ 24. 公司开始重组。
- □ 25. 工资奖金不升反降。
- □ 26. 没有食欲。
- □ 27. 失眠多梦。
- □ 28. 为腰酸背痛而苦恼。
- □ 29. 易怒。
- □ 30. 心神不宁，如坐针毡。

## 诊断

这是判断对方压力大小的测试。符合的选项越多，表明压力越大。

**0 ~ 5 项**

压力很小。

**6 ~ 10 项**

压力处于平均水平。

**11 ~ 15 项**

压力比较大。

**16 ~ 30 项目**

属于危险范围。

## 解说

如果自我防御机能罢工，精神和身体都有可能患病。

“压力”一词的广泛使用始于 20 世纪中期。追根溯源，是加拿大的生理学家汉斯·塞利在 1936 年发表的题为“压力学说”的论文中第一次使用了“压力”这个词。

由于受到某种刺激（又称“压力源”），身体会产生反应作出“应变”，这就是压力的作用。不过，并非有压力作用，身体状况就会发生变化。

人体一般都具备消除压力的**自我防御机能**。然而，随着压力源的增加，“自我防御机能”会因负荷太大而无法正常工作。此时，身心就会出现障碍，而导致的结果便是：对工作失去热情，做什么事情都提不起精神。如果情况进一步恶化，可能引发精神疾病、精神障碍抑或其他精神或身体上的疾病。

**压力的来源**（即压力源）有四种：物理压力源（冷热、噪音、恶臭等）、化学压力源（营养不良或药物副作用等）、生理压力源（病原体导致的感染等）和精神压力源（愤怒、憎恨、不安等）。

引起压力源的因素有很多。具体而言，包括家庭和工作的困忧、对工作和社会的不满、对未来的不安、对复杂人际关系的烦躁等等。引起压力源的因素越多，产生的压力越大，出现身心障碍的可能性也越高。

因此，这 30 个选项中符合半数的人最好找人将烦心事一吐为快，以化解心中的压力。更严重的，如果感觉身心有异常变化，建议您最好找心理医生谈一谈。

## 3. 测试人的急躁程度

还是以你想了解的身边的某个人为对象。请看以下25个选项中，他(她)符合多少个？

- □ 1. 走路飞快。
- □ 2. 在咖啡店或公车上都坐不久。
- □ 3. 从不小声说话。
- □ 4. 不惧怕任何对手。
- □ 5. 说话时，经常手舞足蹈，身体也跟着晃动。
- □ 6. 几乎不会放声大笑。
- □ 7. 从不发牢骚。
- □ 8. 觉得拜托别人办事不会遵照自己的想法，反而宁愿自己去做。
- □ 9. 经常出现摔跟头或把东西掉地上的情况。
- □ 10. 经常会用力握手、拍拍对方肩膀或后背。
- □ 11. 经常会握紧拳头、或者用手指着别人。
- □ 12. 频繁看表。
- □ 13. 会一口气很快地说明一件事情。
- □ 14. 说话时铿锵有力。
- □ 15. 经常咬紧牙关或摩擦上下牙齿。
- □ 16. 表情很坚定。
- □ 17. 眼睛炯炯有神。
- □ 18. 讨厌排队。
- □ 19. 只读报纸或杂志上有用的部分。

- □ 20. 总是静不下来。
- □ 21. 对方一开始长篇大论，自己就爱用“总之”“就是说”来作总结。
- □ 22. 经常和别人拌嘴抬杠。
- □ 23. 说话很简练。
- □ 24. 吃饭狼吞虎咽。
- □ 25. 有时目光中充满敌意。

## 诊断

这是判断对方性格是否急躁的测试。符合的选项越多，表明性子越急。

**0 ~ 5 项**

还不算作急性子。

**6 ~ 15 项**

可以算是急性子。

**16 ~ 25 项**

性子很急。

## 解说

如果上司或客户是急性子，当事人需要调整自己适应对方。

五十年前，心理学家弗里德曼和罗森曼根据做事风格将人分为 A 和 B 两种类型。**“A 型人”**凡事都很热衷，总是赶在第一时间就把所有事情都急急忙忙做完。不仅如此，他们还有一个性格特点，那就是具有攻击性、竞争心理强。

**“B 型人”**则刚好相反，总是按照自己的节奏和步调悠闲办事。他们性格开朗、温厚、稳重，讨厌与人竞争。

一般而言，A 型人都属于急性子，这点不会错。弗里德曼和罗森曼认为“A 型人”更容易感受到压力，而且由于经常处于紧张状态，他们的心脏负担很重。

也正因为如此，他们更易患上心肌梗塞或心绞痛等心脏疾病。

如果你周围有急性子，要劝他凡事不要强求，要稍稍放松一点。当然，如果你自己就是急性子，那更要注意了。

## 4. 通过选的座位了解下属的想法

如图所示，上司在一张六人桌上就座和下属谈话。如果上司选择坐在 A 处，那么下属们是如何就坐的？请实际试过之后再回答。

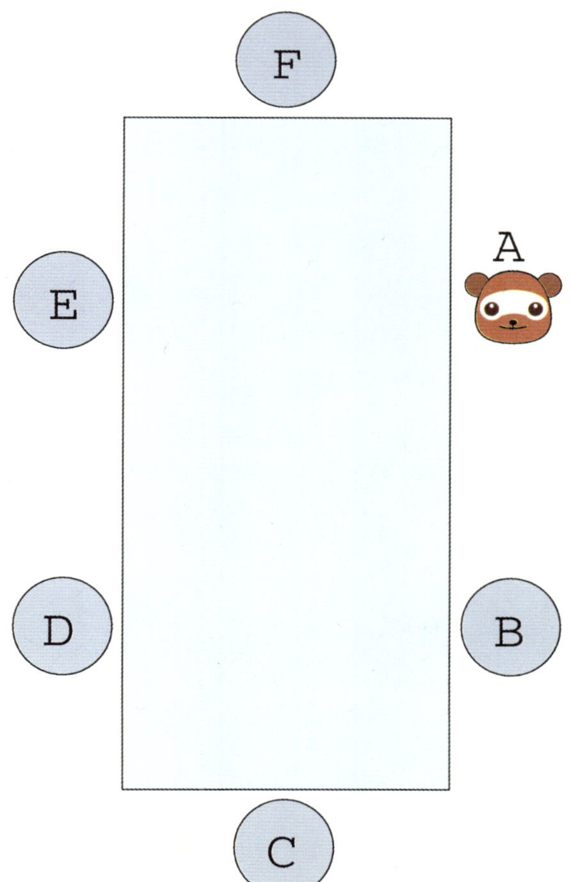

## 解说

如果坐在上司旁边，是对上司有好感的表现。

不论是谁，都想与他人保持一定的距离，以便为自己留出一定的“私人空间”，而“私人空间”的大小因人而已。

根据上司坐的位置，**下属们会选择各自的位置就坐，而由此可以判断他们对上司的态度**。如果选择坐在离上司最近的位置（即B和F处），表明他们对上司怀有好感，而且愿意出手相助。不过，如果仅仅是谈话，很少有下属愿意坐在B处。一般而言，不管抱有多大的好感，人也会避免直接接触的可能。不过，如果是异性，也并非没有这个可能，而这种情况可以理解为该下属对上司怀有超出好感的感情。

除了B和F处外，E是离上司最近的位置。下属选择坐在这里，有两种可能：对上司抱有好感或怀有竞争心理。如果是后者，选择坐在这里说明他想说出自己的意见或主张，认真地和上司进行讨论。

相反，如果坐在离上司较远的C或D处，则表示下属对上司没有一丝好感。他们不愿个人的私人空间与上司有任何交集，于是选择对上司敬而远之。

## 5. 通过在餐厅点菜的方式了解“同调性”

和单位同事一同吃饭。来到餐厅就坐后，开始分别点菜。请根据以下四位同事的表现，判断他们分别是什么性格。

A 同事不管别人点什么，自己先点了一份套餐。

B 同事确认 A 同事点了套餐后，自己也点了一份一样的。

C 同事见 B 点完后说：‘那我点一份不一样的吧。”

D 同事在所有人都点完后说：“那我和 C 要一样的吧。”

### 解说

“同调性”高和“同调性”低的人各有长处和短处。

“同调性”是心理学中经常用到的一个词，即附和周围人的话语或行动的一种倾向。即使有自己不同的看法，也会听从周围人的意见，这类人就是“同调性”高的人。在刚才的点餐中，B 和 D 就属于“同调性”高的一类人。

**“同调性”高的人在任何场合都不会与人发生纠纷**，这是他们的优点。然而，随波逐流也就成为他们明显的缺点。从这个角度看，他们很容易变成“跟屁虫”，而且也很难胜任领导的角色。

相反，“同调性”低的人是凸显自我个性的自我主义者。换一个角度看，他们有自己独特的想法，不会盲从。不仅如此，他们行动力和决断力一流，比起“同调性”高的人，他们更具领导潜质。

在此基础上，我们来分析一下A到D四位同事各自的性格特点。

A同事全然不考虑是否要与别人保持“同调”，属于可以自己动手开辟一条新路的类型。他积极面对各种事情，而且有行动力，适合当领导。

B同事“同调性”高，容易受他人影响。对信赖的人，他会毫不犹豫地遵照他们的意思去做，因此适合辅助和协调类的工作。

C同事“同调性”低。他不在乎周围人的看法，会贯彻自己的想法。不过，他有可能变成只知道辩解的人。

D同事根据周围人的看法来决定自己的行动。他缺乏自信，基本不会坚持自己的主张。他在四个人中“同调性”最高。

## 6. 判断一个行为对你表示欢迎还是拒绝

和你说话时，有人会出现以下行为。那么，你觉得这些行为分别是对你表示欢迎还是拒绝呢？

欢迎 拒绝

□ □ 1. 看到你时，从椅子上站起来。

□ □ 2. 平静地坐着。除了不时瞟你几眼，基本一动不动。

□ □ 3. 你说话的时候，他要么闭目养神，要么眨眨眼。

□ □ 4. 眯起眼睛。

□ □ 5. 模仿你的动作和表情。

□ □ 6. 你没说什么有趣的事情，他却哈哈大笑。

□ □ 7. 动作自然、放松。

□ □ 8. 和你说话时，会摆弄桌上的东西，抑或拉开抽屉翻找东西。

□ □ 9. 言谈间有些小动作，比如拍拍衣服或裤子上的灰尘。

□ □ 10. 脱掉上衣，解开第一个扣子，再松松领带。

□ □ 11. 虽然没有必要，但还是要戴着眼镜。

□ □ 12. 坐在椅子上，身体前倾，探出半个身子。

□ □ 13. 额头的头发挡住了眼睛。

□ □ 14. 双手抱在脑后。

☐ ☐ 15. 得意地看看表。

☐ ☐ 16. 接递过来的文件时，身体向你靠近。

☐ ☐ 17. 身体时而倾斜，时而靠在椅背上。

☐ ☐ 18. 手会经常触碰头、脸或鼻子周围的区域。

☐ ☐ 19. 将双臂展开放在桌子上。

☐ ☐ 20. 正对你坐着。

☐ ☐ 21. 端正地站着。

☐ ☐ 22. 将座位移到更加宽敞的地方。

☐ ☐ 23. 收拾桌子上的烟灰缸、咖啡杯或者花瓶。

☐ ☐ 24. 点头三次以上。

☐ ☐ 25. 电话一响，就会笑眯眯或急匆匆地去接电话。

☐ ☐ 26. 展示家人的照片或者高尔夫比赛的奖品等个人物品。

☐ ☐ 27. 说话的时候轻轻接触你的身体。

☐ ☐ 28. 摆手打断你说话。

## 解答

表示欢迎的是 1、2、5、7、10、12、16、19、20、22、23、26、27

表示拒绝的是 3、4、6、8、9、11、13、14、15、17、18、21、24、25、28

## 诊断

选“欢迎”计 1 分，选“拒绝”不计分，请算出总分。如果都选“欢迎“就是 28 分。

0 ～ 9 分

经常无法理解对方的感受

10 ～ 19 分

理解能力一般

20 ～ 28

很擅长理解对方的感受

## 解说

**社交商越高的人，越能构筑良好的人际关系。**

就像第二章里所说的，人们的真实想法可以通过动作、表情、姿势、目光的移动、穿的衣服等等暴露出来，也可以通过第三章所解说的口头禅和借口表现出来。

总的来说，正确理解他人感受的能力叫做社交商。社交商优秀的人能够与周围的人进行良好的交流，构筑起和谐的人际关系。

这个测试参考了 K・德尔玛的著作 WINNING MOVES，同时加入了我自己的见解。他以 100 美元起家创立电影制片厂，数年后便跻身于大富豪的行列。他获得成功的秘诀之一就是把姿势、动作等非语言交流方式作为一种营销手段，与人交往、推销产品。

这个测试中能够得到 20 分以上的人，社交商比较高。得到 10 分以下的人大概是观察别人行动后自己再行动的人。

# 7.从吃饭的习惯看性格

吃饭的时候，你有什么样的习惯？请从以下几个选项中作出选择。

A 先吃喜欢的食物

B 最后吃喜欢的食物

C 饭菜哩哩啦啦地掉在桌上

D 吃饭的时候发出声音

E 什么都吃得精光

F 边看电视边吃

G 边看书边吃

H 吃得很快

## 诊断

从吃饭的习惯，可以看出一个人的性格。

吃饭时的习惯反映出一个人最基本的性格，是他本人都没有注意到的。而至于它会以怎样的形式表现出来，就因人而异了。我们能够从中看出你内在的人生观、“性格”。

**选择A 的人**，很有责任感，凡事会坚持到底。这类人善于支配时间与金钱，悠然自得却又踏实地走自己的路。

**选择B 的人**，不服输，会立下一个目标，并努力去实现。这类人在关键时刻能一显身手。当危机逼近时，也干劲十足。

**选择C的人**，爱乱花钱，不会抓住机遇为己所用。这类人一心想着赚大钱的时候，也是运气最差的时候。如果能勤劳一点，定能成为人上人。

**选择D的人**，非常开朗、乐观，总想着做些有趣的事。可是，即使抓住了机会，也不能持久。比起领工资，这类人更适合自己做生意。

**选择E的人**，不论别人交待什么事情，都能够圆满地履行自己的责任，信守承诺。如果能发挥出自己的全部实力，认真做好每一件事，会获得极大的成功。

**选择F的人**，喜欢热闹，害怕寂寞。虽然没有什么拿手的本领，但是如果朋友中有能人，跟随也能取得成功。另外，这类人还是发明新东西的天才。

**选择G的人**，喜欢沉浸在空想中，总是想出新奇的点子让周围的人大吃一惊。不过，这类人很难有知心朋友。

**选择H的人**，见到自己的机会来了，就会立马付诸行动。这类人脑子转得快，做什么事都按照自己的速度，而且只会跟和自己吃饭速度一样快的人成为好朋友。

## 8.从喜欢的“1万日元组合”看欲求不满的程度

如果你有一万日元，最喜欢以下哪个组合?

A 1张1万日元纸币

B 2 张5000日元纸币

C 1张5000日元纸币和5张1000日元纸币

D 10张1000日元纸币

E 100个100日元硬币

### 诊断

从这个测试中，可以看出一个人最近的“欲求不满程度”。

**选择A 的人**，好奇心旺盛，四处寻找想要的东西。不过，要花钱购买的时候，就变得贪心起来。因为这类人会寻找最好用、最方便、最耐用的东西，而在找到它之前，宁愿选择忍耐。这类人欲求不满的程度低得出人意料，会怀着轻松舒畅的心情等待。

**选择B 的人**，对身边的人关怀周到，礼貌有加。当朋友遇到困难时，会不自觉地开始照顾他们。不过，这类人过分关注身边的事情，自己的事情却做不好，所以不满程度较高。

**选择C的人**，不论做什么事情都我行我素，所以欲求不满的程度较低。这类人如果成为领导者，会照顾许多人，所以能得到大家的信赖。不过，他们很容易受那些无所事事之人的拜托，所以要注意别姑息纵容。

**选择D的人**，乍一看似乎没有任何不满，实际上却是欲求不满程度很高的人。这类人很会照顾人，所以别人也会很依赖他，以致让他觉得很不好受。因此，这类人要学会和他人保持距离、适时装糊涂。

**选择E的人**，欲求和他人相比高出了许多。因为想做的事情太多了，以致无法很好地把控。这类人行动力很强，但因没有大的信念，计划性也不强，所以总是不太顺利。注意别大声抱怨、发牢骚。

## 9.从鞋子的磨损情况看性格

找一双自己非常喜欢又穿了很久的鞋，来看一下鞋底的磨损情况属于以下哪种。

A 外侧

B 外后方

C 正后方

D 内侧

E 鞋头

F 脚掌正中

G 大拇指部分

### 诊断

通过走路方式、鞋的受力方式等，也可以判断出一个人的性格。

**选择A的人**，通常是O型腿，也就是俗称的罗圈腿。这类人表面上看似干劲十足、很活跃，实际上却很害怕寂寞。为了给大家留下好印象，不会轻易改变自己的主意。

**选择B**，是个老好人，不会拒绝别人的要求。这类人心地善良，会安慰处于困境中的人。不过，要注意别对那些想要利用别人的人过于亲切。

**选择C的人**，是急性子、马大哈。习惯在鞋的这个部位用力的话，要小心别滑倒。这类人对周围的人不是很热情，所以人际关系看上去不是很好，实际上还不错。和头脑好的人交往，运势会变好。

**选择D的人**，将自己的理想、希望、不满和喜悦都深藏在心里。和朋友相处也不太顺利。虽然这类人在“妥协和孤独之间，宁愿选择孤独”，但异性缘却出乎意料地好。

**选择E的人**，走路时习惯向前猛冲。这类人给人“不会照顾人”的感觉，而且不按照自己的节奏学习和工作就会不爽。如果和人交往时能够配合对方的节奏，相处会顺利许多。

**选择F的人**，和人交往时，如果发现没有益处，就会自然疏远。在这类人看来，这是理所当然的，但在对方看却是非常可恶的行为。

**选择G的人**，通常是追寻理想的人。这类人对那些条件稍差一些的人，连看都不看一眼，习惯“以貌取人”。

## 10..你的选择可见你的人际关系

遇到熟睡的陌生婴儿。当你靠近时，他就醒了，你认为此时他会出现什么反应。

A 哭出来

B 笑出来

C 再睡回去

D 咳嗽

### 诊断

**选择A**，对自己的人际关系没有自信。可能会因为在公司的人际关系不好，而感到烦恼，或者正为和爱人的关系伤神。

**选择B**，对自己的人际关系相当有自信。如果在人际关系上能够更加积极，也能从对方得到更好的反馈。另外，回答"笑出来"的人，也许是过度的乐天派。因此，是否会对周围的人造成困扰，有必要具体观察。

**选择C**，喜欢独处，不关心人际关系。即使自己一个人，也不会觉得孤独。也许，这样反倒觉得更轻松。不过，有的时候，集体生活也是很重要。而且和别人交往时，也能够提升自己。

**选择D**，说明是一个比较容易担心的人。虽然有能力，但是在人际关系方面，往往朝坏的方向去想，而且太过在乎别人对自己的看法。这类人应该放轻松些，相信坦诚地和别人交往，一定会得到大家的欢迎。

## 解说

人的情绪会表现在脸上，或者从态度中流露出来，而这种情绪是可以“传染”的。一般而言，很会逗婴儿玩的人，其内心不会有“被讨厌了该怎么办”的不安。因而，靠近婴儿时，他不会哭闹。相反，害怕小孩哭闹的人，会把这种不安感传达到婴儿身上，于是婴儿就会表现出同样的情绪。

### 体型与性格

德国有一位精神病学家名叫克雷奇默尔，他认为人的体型与性格有关，并由此将人分为三种：

瘦弱型：谨慎、保守的性格。既有神经质、敏感的一面，也有迟钝的一面。

肥胖型：社交型性格，有躁郁倾向，且性情多变。

斗士型（坚实）：安静、规规矩矩，但也有突然暴跳如雷的时候。

致希望进一步学习
人际关系心理学的人

## 和各类心理学相关的“人际关系”

心理学大概可以分为基础心理学和应用心理学两类。

前者研究心理学的基本原理和心理现象，通常要用到实验和统计的方法。而后者则以实践应用为主要目的，研究如何将心理学的理论和方法应用到个人和社会的各个方面。

它们又有很多分支。基础心理学分为人格心理学、认知心理学、社会心理学、发展心理学、智力心理学、儿童心理学、青年心理学等等。应用心理学分为教育心理学、犯罪心理学、工业心理学、组织心理学、环境心理学、运动心理学、灾难心理学等诸多方向。

那么，如果想深入了解本书所围绕的“人际关系”，该从哪几个方面进行学习呢？这是一个很难回答的问题。为什么这么说呢？那是因为这些知识不是完全独立的，它们之间相互关联，界限并不那么明显。而且，心理学本来就可以被称为研究人与人之间关系的学科。

不过，如果非让我推荐的话，可以有以下几个方面。首先要阅读这几个方面的书，然后再根据自己的兴趣和关注点，扩大到其他相关方面。

## 人格心理学

研究以个人的思考和行动为基础的人格（性格）的学科叫作人格心理学。对于“人格”的理解大致可以分为“类型论”和“特性论”两种。前者顾名思义，就是将人格分为几种类型。

人的性格和体型有一定关系，克雷奇默尔就是从这一点出发，将人的性格分为瘦弱型、肥胖型和斗士型三种。荣格则将人格分为外向型与内向型。这些分类法都非常有名。“特性论”认为人格由活跃性和支配性等特性构成，每个人拥有这些特性的程度不一，由此决定了每个人的人格不同。对人格的了解可以说是对人类理解的根本，所以对于那些为人际关系苦恼的人来说，这些是很实用的知识。

## 认知心理学

认知心理学是通过研究人类对事物的认知机制以达到了解心理活动目的的一门学科。随着电脑技术的进步，把人类的认知活动看成“数据处理”的研究也越来越流行。1967 年心理学家奈瑟尔发表了一本名为“认知心理学”的小册子，而且以此为契机，认知心理学作为现代心理学的主要分支活跃发展起来。

即使是“认知”，也涉及到感觉、理解、记忆和思考等方面，最近也将感情和感觉的问题提了出来。人际认知，也就是一个人与他人交往接触时，据他人的行为推测与判断他人的心理状态、性格特征、行为动机和意向的过程。这是认知心理学重要的研究课题之一。

## 行为主义心理学

心理学不应当以看不见的“心”或“意识”等为依据，而应当以可观察到的“行为”为研究对象。基于这种想法，20 世纪初，行为主义心理学的概念被提了出来。这个领域的先驱者约翰·华生、以学习心理学为重要研究对象的爱德华·桑戴克、以及自称为“彻底的行为主义者”的伯尔赫斯·弗雷德里克·斯金纳都非常有名。这是一门在 20 世纪以后取得巨大进步的学科，大家一定要学习一下。

## 社会心理学

人类属于各种各样的团体或组织，他们在其中相互帮助，相互影响，生存下去。那么，因为环境的不同，人的心理会发生什么样的变化呢？要探明这个问题的学科就是社会心理学。它的研究对象是拥有家人朋友这种关系的小社会、学校单位这样的中型社会、甚至是世界这一层面下的社会等不同条件下的心理活动。因为是对社会每个人进行研究的学科，所以能够在现实社会中得到广泛应用。

## 群体动力学

群体动力学是社会心理学的一个分支。人们在形成一个群体后，就不是各自行动了，而是服从群体的力量来行动。这是一门通过群体现象的动态分析发现其一般规律的学科。这个概念由有“社会心理学之父”称号的库尔特·勒温于 1930 年提出。他留下了许多研究成果，如领导风格和决策机制。现在，这门学科主要应用于管理等商业方面。

## 临床心理学

临床心理学是通过心理咨询和精神分析来治疗精神疾病或解决心理问题的学科，是应用心理学的重要分支。

毋庸置疑，没有心理学的基础知识是无法进行临床治疗的，所以我建议在学习了人格心理学、认知心理学和社会心理学之后再来学习这门学科。

## 恋爱心理学

最近，恋爱心理学的知名度不断提高，研究恋爱心理学的人也逐渐多起来。本来，对恋爱心理的研究是社会心理学的一部分，而对人魅力的研究是恋爱心理学的开端，其主要研究的课题为：人会对什么样的异性产生好感，人会在什么时候产生恋情，喜欢和讨厌的感情是如何产生的……

在研究人员的努力下，上述课题已经有所突破。另外，根据行为心理学和脑科学的研究成果，恋爱行为的背景也逐渐清晰地呈现在我们面前。再有，研究人员还发现多巴胺（dopamine）和血清素（serotonin）等荷尔蒙也与爱情有着紧密联系。

## 家庭心理学

家庭心理学，顾名思义，就是研究家庭内部人际关系的心理学学科。从大家庭到小家庭的变化、父母与子女交流的代沟、家庭暴力、分居以及中年离婚等等问题都有探讨。因此，家庭心理学的研究旨在了解、解决现代家庭内的问题。

## 职业心理学

所谓职业心理学即从心理学的角度对于职业选择和职场适应、生涯设计等进行的研究。一般来说要和社会心理学、教育心理学、青年心理学等一起学习。未来想从事职业咨询、人事、教育和培训等方面工作的人，我推荐你们学习这门心理学。

《每天懂一点·色彩心理学》

作者畅销新作

"每天懂一点"

轻悦读书系④

拒绝乏味、拒绝没营养

最快培养潮人眼光的创意说明书

日本最多潮人追捧享读，扮潮必备

全是生动诙谐的小例子，只看漫画也一样学得会

陕西师范大学出版社 荣誉出品 北京博集天卷图书发行有限公司策划

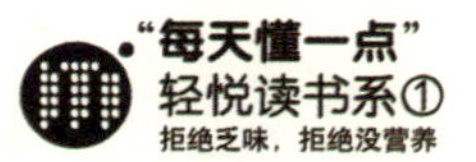
“每天懂一点”
轻悦读书系①
拒绝乏味，拒绝没营养